海河西岸记忆丛书

中国人民政治协商会议
天津市河西区委员会 编

丹青妙手刘奎龄

齐 珏 著

天津社会科学院出版社

图书在版编目(CIP)数据

丹青妙手刘奎龄 / 齐珏著. -- 天津：天津社会科学院出版社, 2018.12（2021.5重印）
（海河西岸记忆丛书）
ISBN 978-7-5563-0533-9

Ⅰ.①丹… Ⅱ.①齐… Ⅲ.①刘奎龄（1885-1967）—传记 Ⅳ.①K825.72

中国版本图书馆 CIP 数据核字(2018)第 288859 号

丹青妙手刘奎龄
DANQINGMIAOSHOU LIUKUILING

出版发行：天津社会科学院出版社
出 版 人：张博
地　　址：天津市南开区迎水道 7 号
邮　　编：300191
电话/传真：（022）23360165（总编室）
　　　　　　　（022）23075303（发行科）
网　　址：www.tass-tj.org.cn
印　　刷：永清县晔盛亚胶印有限公司

开　本：880×1230　毫米　1/32
印　张：4.875
字　数：80 千字
版　次：2018 年 12 月第 1 版　2021 年 5 月第 2 次印刷
定　价：58.00 元

序

杨大辛

　　我与河西区可以说凝结了深厚的乡土情缘。1925年2月我出生于河西区(当时称特一区)三义庄宝德里,此其一;1952年5月我定居河西区(当时称第六区)福建路,从先严至后辈子孙四代人先后在此居住,此其二;1978年6月政府安排我到市政协主持文史资料的编辑出版工作,从而与河西区政协文史资料委员会始终保持协作关系,在我离休后个人依旧与区政协文史委长期往来联系至今,此其三。回顾我这一生虽然历尽坎坷却始终勤奋敬业,得以在编史修志事业方面有所成就,心安理得。我在河西区居留六十余载,可以说这里是我安身立命之"福地"。

　　河西区政协的文史工作,多年来始终与时俱进,成绩斐然。近日获悉,正在着手汇编《海河西岸记忆丛书》,涉及有关海河西岸的历史变迁、风土民俗、名人逸事等诸多方面史料,工程浩繁,目前正在紧张编写中。未读书稿,何以评说?得悉各册撰稿人如章用秀、张绍祖、金彭育、尹树鹏、齐珏诸君,都是相识多年的老朋友,他们治学严谨,文笔流畅,各自完成精心制作,当可期待耳!

丹青妙手刘奎龄

河西区政协李耀进主席嘱为此丛书写篇序言。我虽已挂笔数载，承蒙如此厚爱，情不可却，遂信笔谈了以上几点感知，聊以复命，不成体统，尚祈谅宥为盼。是为序。

2018 年 8 月

河西历史文化概论

尹树鹏

河西区被人们亲切地称作海河西岸。她以自己悠久的历史和丰富的文化内涵在天津地区做出了独特的贡献。将她的历史文化写出来、讲出来会让河西人充满信心地实现中国梦。

河西的由来

天津是海河及其支流孕育出的城市，到清代老城以外的居民聚落，都沿河而成，还都形成了有名有姓的村庄。随着城市的发展和人口的增加，它们逐渐融合在一起，成为我们现在的成片社区。天津中心城区最早的地名是金代坐落在三岔河口地区的直沽寨。到元代改称海津镇，在三岔河口及其下游建立了漕运管理的中枢，即大、小直沽。1282 年全部改为海上漕运后，大型海船从南方沿海绕过山东半岛，进入渤海湾，沿海河口到大直沽停泊。此地宽阔的河面上聚集着大吨位的漕船，为加强管理，海河下游成为漕运大动脉。直沽南部地区河面宽，两岸阔地多，故形成大码头被叫作大直沽。北部的三岔河口一带,河汊多、水面窄,被叫作小直沽。大直沽遂成为海漕的中枢。到元代延祐年间,大直沽已成为保障元大都粮米供应、海路漕运的终点码头。也最先成为天津地区海河岸边第一个行政中心。明代胡文璧写道:"元统四海,东南贡赋集刘家港,由海道上直沽,达燕都。舟车悠会聚落始繁。有官观、有接运厅、有临清户府……"先有大直沽后有天津卫,这是历史事实。河对岸却叫小刘庄,似乎两者没有什么历史渊源,一块出土的墓碑将两个村庄联系了起来。

1954年在浦口桥出土了一块黄溥的墓志,碑文上刻有:"奉枢于静海县大直沽河西祖茔之次。"黄溥是卒于1520年的天津左卫指挥,是明代天津早期的高级军官。这个墓碑再次直接证明了河西的小刘庄地区和河东的大直沽地区是一个整体,只是当时尚未独立。还证明了小刘庄地区的村落形成于元代,远早于其他形成于明清时期的村落。不是《津门保甲图说》标明的清代村庄。《津门保甲图说》是天津官方首次对天津县全境村落进行户籍调查所做的图示文字说明,它只是现状调查,其价值是用图示表明了当时各村落的相对位置,为研究村落在道光年间的状况有了精确记述。但要追述各村来历尚要有以前文献进行考证,绝不能根据"图说"而认为它们都是道光年间形成村落。天津官渡修建的文献也说明了小刘庄早在明朝之前就是村落的依据。明万历十六年(1588)天津兵备道查志隆命天津三卫经历司造渡船,设渡口八处,其中就有大直沽渡口,这是八个官渡口之一。西岸正是小刘庄村,与它相连的诸多村庄都没设官渡,说明大直沽西岸与东岸繁荣同步。之所以不提出小刘庄村名仍然是将两岸当作一个整体村子来看。而后西岸逐渐发达壮大,有了独立资格,以村中大户刘姓为村名也自然了。小刘庄的"小"并不是规模小而是和大直沽的"大"相对应。村中建了关帝庙就是村子独立的象征。1923年刘庄大街东口所建牌坊上面镌刻的"刘庄大街"四字为大直沽的书法家李学曾所书,也说明了二村斩不断的社会关系。各时期的地图都绘出小刘庄大街和大直沽中街隔河相望,所以在海河西岸众多村落中,小刘庄早在元代就出现了,在明代其规模和繁荣程度都大于其他沿河村庄。在清代独立后有了小刘庄村名。它就是河西地最早的村落,是海河西岸向城市化发展的原点。

海河西岸北国江南水乡的原生态

海河平原地势低洼,海拔仅 3~5 米。流水不畅,使海河的河道成为羊肠状。大小河套在环抱处产生了相对应的环水高地——沽。沽给人们在岸边水旁生活创造了条件。河西地区因处于海河上游河道弯曲最多的地段,就成为古代海河沿河村落分布最密集的地区。早在宋代已有三女寨(现灰堆一带),元代沿河居民开始增多。到明代有名有姓的村庄已很多了。1404年(明永乐二年)三岔河口建城设卫,城的北门与东门外很快繁荣。到 1902 年又向东北方向开辟新河北地区推行新政,天津城市化的过程基本完成。河西地区距老城较远,没有参与天津旧有商业带和文化带的发展,而是以独特的原生态农耕区成为起点并以天津农耕文化的源头成分融入天津市区。1404年明王朝在下令设卫的同时又下令在天津屯田,到后期已成高潮。

　　明万历二十六年(1598)官员汪应蛟经过观察分析认为,海河沿岸土地非常肥沃,但无水则碱,得水则润,若挖沟筑埝定成膏腴。他亲自组织开垦了贺家围、何家围(现上下河圈一带)等十围屯田。其中何家围就是十字围中距天津城最近的一围。到天启年间,左光斗又将屯田与办学结合,安排卢观象增垦4围屯田。现河西地区的陈堂庄(现陈塘庄)、土城、东西尖山、何家圈(现上下河圈)、寇家口(现贺家口)等村落已是鸡犬相闻,鱼蟹举纲、风景依稀,绝似江南。这次在贺家口以南共垦出良田3000亩。清康熙四十三年(1704)天津总兵蓝理又在城南开垦水田近200顷。河渠圩岸周数十里,其范围北从马家口,南到贺家口,西至八里台,东到海河边,全是水田漠漠,十里稻香。改变了以前城南水乡泽国没有人烟的状况。完成了农业区域向北推进与城南连成一体,到雍正五年(1727)贺家口地区已出现2~3穗的水稻变异品种。清代诗人姚承丰写道:"十字围,获早稻,车戽声中波浩浩。七十二沽云水乡,半是捕鱼不插秧。汪司农,蓝总戎,能以人力夺天工。二千余亩分田界,葛沽以北白塘东。秋色红莲稻花吐,直使斥卤成膏土。吁嗟乎,十字围,非小补。"卫青萝卜在小刘庄已育成优良品种,佟楼地区出现了奶牛、蛋鸡养殖业,河西地区成为天津新型农业的代表。其农耕生态景观一直延续到1900年前后。这种多水的田园风光使贺家口引河沿岸出现了众多的私人园林,如:桃园、蔡家花园、丁家花园、倪家花园等,成为天津南部最宜休闲的地区。

现代工业强区的形成与发展

  19 世纪是西方工业文明的青年时代，科学技术快速推进了社会的繁荣和经济实力。1860 年天津被迫开埠，遂成为京畿地区吸纳工业文明的首座城市。工业建设率先在海河西岸驻足，这是因为海河东岸多为储盐的盐坨分布区，与城里又隔河相阻，而海河西岸河堤以外多坑塘荒地，地价极贱，与城里又畅通无阻。此时的货物运输以水运为主，海河西岸就成了修建码头的理想区域。吸引了最早一批民族实业家在此投资建厂。其代表是：中国第一家机制面粉加工厂——"贻来牟"。贻来牟在紫竹林庙宇以南，轮船招商局码头区域内建成，清光绪四年（1878）十一月二十一日上海《申报》对此进行了报道与点评："机器制造创于泰西而效行于中国。五年以前，粤东购有织布及轧花机器两架，华人耳目为之一新。天津麦面盛行，今秋又有宁人购来磨面机器一座，在紫竹林招商局下开张磨坊，名曰'贻来牟机器磨坊'……"出面极多且面色纯白，与用牛磨者迥然不同，现已远近驰名。又报其每年可获利六七千两白银。其创办人即为招商局会办朱其昂。

  1884 年，在与英美租界毗邻的海大道一带，广东人罗三佑创办了德泰铁工厂为船舶、矿业提供修配服务。1886 年，以制作小型铁质器具为主的万顺铁工厂也相继出现。这一年汇丰银行买办吴懋鼎相约中外股东购地 64 亩在河西贺家口建成天津最早的大型火柴厂——天津自来火公司。之所以在这建厂也是因为运输制造火柴用的优质木材便利，到 1900 年以前海河西岸就已成为天津民族工业最为集中的区域。该地区是天津近代工业的重要发祥地,天津第一家火柴厂"天津自来火公司"、天津最早够规模的现代化地毯厂"玉顺永"率先在此区域建成,并带动了周边形成了地毯厂集中区片,使该地区成为中国地毯的摇篮。1918年建成的"裕元纱厂"是天津规模最大的纺纱厂。天津最早的内燃机厂、最大的制革厂和印刷设备始终领先的天津印刷厂也都诞生在该地区。其中建在小刘庄海河边的裕元纱厂由王郅隆、倪嗣冲等人集资556万元,是天津当时规模最大、获利最丰、实力最雄厚的纺织纱厂,开近代天津大型纱厂之先河。它生产的14支优质棉纱织成的五福牌白布成为市场品牌。天津市民将老五福白布和三桃面粉作为保值的商品,它们的价格长期是天津市场物价指数的标准。

德国早在1895年就获得了1034亩的河西租界地,但没有开发,到1900年以后又向东向南扩展到4200亩,市政建设才逐步展开,并引入了德国的先进工业。1903年在穆姆路(现徐州道)建成德华印字馆,后改为北洋印字馆。备有当时世界最先进的海德堡印刷机,是天津印刷技术最先进的印刷厂。它能承担油印、铅印、胶印和印制精美的各种带照片的广告,为天津印刷工业的发展起了引领的作用。此时的德租界已有了经济的初步繁荣,德国人起士林与巴德创办了起士林西点铺,而起士林本人曾担任过德皇威廉二世(改为"远洋轮船上")的厨师,他做的西点引起了天津中西各界人士的青睐。也是西方食品工业在天津的最早雏形。

1908年3月,津浦铁路北段开工,因起始站尚未定址先从良王庄修起,为卸下德国水运来的铁路器材和机车部件先在沿河陈塘庄修建码头和站场。因此津浦铁路所属的机车修配车间在此落成。建设了车、钳、铸、锻、焊等各种一流设备,而后发展成津浦铁路局附属的机车修配厂——津浦大厂。它是天津第一个大型机械厂。1914年第一次世界大战期间为天津民族工业发展提供了一次空间。因取水、排水和水运方便,1918年在小刘庄附近沿河地带建成"裕元纺织股份有限公司"。该厂资本为560万元,织布机1000台,纺织能力为75000纱锭。工人最多时达6000人,每年产棉纱54000包,棉布641982匹,是天津乃至我国北方最大的纺织企业。1921年在挂甲寺附近又建成"北洋商业第一纺织股份有限公司"。其资本300万元,纺织能力28000纱锭,工人1600人,年产棉纱20000包。河西沿岸成为天津南部纺织工业带。

在1900年以后河西地区又诞生了一个为中国创汇达一个多世纪的地毯工业。先是先农公司在德租界大沽路建立的洗毛厂,用机械洗整羊毛。其西南方又建有武齐洗毛厂。小刘庄、谦德庄、三义庄和马场道以南区域的众多家庭妇女都在家手纺毛线,为地毯工业提供原料。到1916年天津有地毯厂13家,织机398架,而后快速发展。到1926年天津地毯出口已占全国地毯出口额的79.4%,够规模、产量大、质量优的地毯厂绝大部分集中在河西地区。其中有名的是:美资"乾昌地毯厂"是天津最大的地毯厂。它的出现激发了中国民族地毯业的崛起,1926年张庆林在徐州道建成"庆生恒"地毯厂并亲自携带翻译到美国进行商务考察和推销产品。在美期间,与新伙伴瑞海公司签订了4万平方米的地毯合同并吸纳了美国的先进洗、染、织等技术。成为中资化学染色、化学水洗,具有独立出口权的第一家中资地毯厂。其余像仁立地毯厂、东方地毯厂、玉顺永地毯厂、大丰地毯厂、渤海地毯染织厂等众多地毯厂家都集中在河西地区。据外贸统计,下瓦房及周边地区织毯工人及为他们纺毛线的家庭妇女和专业工人在 1938 到 1939 年期间有十万多人。创造了巨额外汇。为以后的地毯工业打下江山,成为中国现代地毯业的摇篮和基地。

1928 年以后天津社会形势比较平稳,河西地区工业稳步发展。利津铁厂、同兴利铁厂等十几家小型重工业厂家相继建成。当时所用的车床、电机、锻炉等设备已很先进。而规模更小的机械、铸造、纺织等小工厂在小刘庄以北沿河地带大规模地出现。

日本经济侵华的战略催生了日资在河西大规模建厂

早在 1898 年日本已在英法租界西北部抢得日租界,但在《天津日本租界条款》附带了许多隐秘的阴谋。一为扩大租界创造条件,二是将德租界以南小刘庄附近 200 亩地划归日本专用码头用地。遂经中国政府交涉,土地收回但码头设施日本仍然掌控。1931 年“九一八事变”后,日本利用中国华北政局混乱之际强行在河西地区兼并中资企业和建立日资企业。1936 年收买了裕元纱厂。1936 年至 1945 年在该地区建立了规模大、设备新的工厂 22 个。其中有华北地区最大的现代化造纸厂——东洋制纸工业株式会社,即后来的天津造纸总厂。维新化学株式会社、上海纺织株式会社天津工场、协和印刷厂、满蒙毛织株式会社天津第一工场、兴亚钢业株式会社等工厂。这些企业利用中国的资源和廉价劳动力攫取大量利润,挤垮了中国的民族工业。

抗日战争胜利后，国民政府经济部和资源委员会将日伪财产收为国有。此时河西区首次担当了新天津的工业区，而后依照天津市工业布局规划进行了大规模的工业建设。首先对私营工业进行社会主义改造，1952年全区有私营工厂900多家，但都规模小、布局分散，自1953年4月开始成批进行私营企业的社会主义改造。到1956年1月份改造完成。其主要代表厂家有：北洋纱厂、新兴钢厂、华北化工厂、惠福木器制造厂、公裕化工厂、联华橡胶厂、大明钢厂、渤海化学厂、仁立蛋厂、仁立毯厂、大成五金机械厂、同华茂铁工厂、美亚织绸厂。到1956年1月14日又将规模极小的216家私营工厂全部实行公私合营。1953年开始实施第一个五年计划，天津市决定在陈塘庄铁路以南及土城一带建设整片的新兴工业区。而后天津市的大批私营企业经合营改造陆续迁入此地。到1957年陈塘庄土城工业区已初具规模。1958年，该地区快速发展，一大批新型的重工业工厂建成。形成了大中型企业为主，门类齐全并附带仓储和铁路入厂的大型工业区。主要有：天津市第四造纸厂、天津感光材料厂、天津无缝钢管厂、天津工具厂、天津焊条厂、天津第二冶金机械厂、天津真美电声器材公司、天津渤海无线电厂、木材二厂和木器三厂等。这个发展历程使河西区成为天津南部工厂最集中、类别最齐全、技术最先进、经济贡献最大的区域之一。这种局面一直持续到1975年。在1975年天津市进行工业布局规划时仍然将河西地区许多土地作为工业预留地。这些工厂生产的重工业产品支撑了天津工业的发展，轻工业产品成为三北地区人民乐于消费的优质产品。如：保温瓶、纯棉布和精纺细纱高档府绸；有些是优质军用无线电器材；染料和玛钢件闻名国内外；手工地毯成为国际工艺精品。到 1995 年底,河西区共有市属企业 544 家,20 多个门类,近 100 个行业。对天津的经济产值和对外地的支援做出了巨大的贡献。随着经济体制改革的深入发展,天津工业布局调整,进行战略性东移。再加经济结构的变化和新兴产业的兴起,许多工厂被关、停、并、转,迁出市区,为腾空后的陈塘工业区迎来了信息化时代的结构调整。

2008 年,根据《市内六区土地平衡项目试点暂行办法》,此处规划为"陈塘科技文化园"。2009 年更名为"天津陈塘科技商务区",使其成为河西区重点打造的"八大功能区"之一。商务区总占地面积 2.78 平方公里,由微山路、珠江道、城市景观带、郁江道等合围而成,总规划建筑规模 491 万平方米,平均容积率 3.94,预计总投资将近 400 亿元。在建设中,商务区以"总部基地、北方高技术服务核心区和天津文化传播中心"为产业定位,按照"3+1"发展模式,重点发展高技术服务业、高技术楼宇工业、文化创意产业和总部基地。这是天津中心城区唯一一片较为完整保留下来的升级换代的工业区。老企业虽然已百年沧桑,它保留的工业遗产文化是河西区历史文化中的重要组成。

海河西岸中西文化交融与汇集的内涵

早在 1917 年德租界被收回并改建为天津特一区后,市政建设快速发展。典型的德式建筑群座座斜坡屋顶,披盖着红色鱼鳞瓦。和之前的大型建筑德国俱乐部再配以宁静的街道和院墙里探出的德国洋槐和紫藤在春天的花香,吸引了大批官僚和富人在此过上寓公的生活。徐世昌、吴毓麟、曹汝霖、田中玉、孟恩远、龙觐光兄弟、萧振瀛、张廷谔、袁克定、杨度等老派名人都在此有宅邸。而侯德榜、俞平伯、乐达仁、雍剑秋等人都在此处完成着自己的事业。日本间谍川岛芳子也曾隐匿该地区。

河西教育发达，中学、小学、幼儿园、专科学校、外侨学校成龙配套。是中国大学教育和中学教育的发祥地。1895 年 10 月 2 日中国第一座新型大学——北洋西学学堂一等学堂在河西梁家园（今海河中学一带）诞生，同时这座新型大学的预科——二等学堂随之诞生，这是中国第一座公立中学。严复1896 年创办的天津俄文馆，大营门是中国最早的官办俄文专科学校。天津民立第三十九小学堂（今土城小学）于 1905 年创办于土城村，是区内第一所新式小学堂。1907 年德华普通中学堂（今海河中学）创建于原北洋大学堂旧址，是天津租界最早的中学之一。1908 年由中国第一位女留学生金韵梅创建的北洋女医学堂（今天津医专）是中国第一所公立护士职业学校。1909 年德国侨民会创建的德国侨民学校（今台湾路小学）是天津最早的侨民小学之一。1914 年创建的圣功女学几经周折于1940 年秋天，在马场道上的陶园原址建成新校舍，这座"圣功楼"保留至今，是新华中学所在地。现天津外国语学院院址是曾经享有"煌煌北国望学府，巍巍工商独称尊"之誉的天津工商大学原址，它于 1921 年创建于马场道。特别是 40 年代中期，该校人才荟萃，堪称与美国康乃尔大学相伯仲，居于天津各高等院校之首。其所属的"北疆博物院"曾被誉为世界上"第一流的博物院"，其附中（今实验中学）与南开、耀华、官立中（今三中）齐名。

由于这些老学校的诞生，河西地区出现了众多的著名教育家。如盛宣怀、丁家立、严复、李建勋、郑朝熙等；在天津河西老学校中涌现出了名师吴稚晖、徐德源、饶伯森、高镜莹、顾随、冯朋弟等；天津河西老学校桃李遍天下，他们之中有我国第一张大学毕业文凭获得者——王宠惠、中国矿冶第一人——王宠佑、"中国奥运之父"——王正廷、著名政治家、实业家、教育家金邦平、著名物理学家袁家骝博士等。

天津河西近代教育在我国、我市占有重要地位。到1948年有私立高等院校3所，公立中等师范学校1所，中等职业学校1所，私立中学6所，公立小学12所，私立小学20所，厂办小学3所，补习学校3所，识字班1所，私立幼儿园2所，6所小学附属幼稚班。新式教育几十年稳步发展，到20世纪30年代形成高潮。著名的有天津市立师范学校、育德学院、达仁学院。现代化的卫生机构分布密度为全市之冠。历史悠久的有德美医院、苏联公民协会医院、天津协和医院。1949年以后建成的人民医院、医大附属二院、河西医院、下瓦房卫生院及后来的环湖医院等至今仍是天津市的骨干医院，为人民的健康发挥着重要作用。该地区原有天津盐商李氏私家园林——荣园，以张伯驹为代表的许多名流文人在此雅集，后改为公办的人民公园。此地还是宗教场所集中的地区。天主教、东正教、基督教、伊斯兰教均有教堂。并在其周围建立起许多相应的教区设施，也成为河西文化地理的特殊景观。改革开放以后河西区因没有铁路分割及水面景观较为丰富，为建设现代化的大型公建设施，提供了便利的条件。

改革开放四十年的辉煌

进入新世纪,古老的海河西岸迈出了现代化的快速步伐。从党的十一届三中全会召开开始,河西区以改革为动力,以改善人民群众居住条件为着力点,以造福于人民的宗旨意识,以创新的招法,在中心城区走在了城市现代化的前列。率先在危陋房屋的改造中先行先试,实施大规模的住宅改造和新居民区的建设。自20世纪80年代末至90年代,历经两次大规模的危陋房屋改造,在市区率先并提前完成成片危陋平房改造任务。并积极落实天津总体规划,促进多处市级大型公建设施在河西建成。

这些大型公建设施,既有市级行政办公中心,也有市级大型旅游宾馆建筑群,更为重要的是将分散在天津各地的文化设施集中在此,建成了天津市的文化中心。并在其北部建成有巨大水面相连的银河广场。使它形成天津的文化和交通中心,还兼有购物功能。天津文化中心是一个大型的文化机构组团,由天津博物馆、天津大剧院、天津美术馆、天津图书馆、天津自然博物馆和青少年活动中心组成。与之相呼应的是1991年在天塔湖中建起的高达415.2米的"天塔",是津门十景之一。空间快速成为钟灵毓秀之地。蜿蜒的海河滋养了新一代淳朴、乐观又充满活力与理想的河西人。西岸明珠天津河西,在中心城区改革开放期间的光辉成就成为河西人民自信的思想源泉。河西区在改革开放的历史进程中走过了四十年,四十年的成就有目共睹。在城市建设方面率先建成教师村,继而规划建成小白楼中心商务区、友谊路金融街、梅江生态居住区,率先完成全区集中供热。当下河西区经济总量、城市管理、城市服务、城市交往等领域始终位于前列。2002 年,河西区成为天津市唯一区被国家计生委确定为全国婚育新风进万家活动项目示范区。2007 年河西区被中国国际跨国公司研究会与联合国开发计划署等单位和组织评选为"跨国公司最佳投资城区"。2008 年,河西区荣获"国家卫生区""幸福城市政府贡献奖"称号,同时当选"天津最具幸福感城区"。2016 年,河西区重新确认国家卫生城市(区)。2017 年河西区当选"中国年度文化影响力城市""国家级妇幼健康优质服务示范区""国家公共文化服务体系示范区"。天津市阳光体育先进区和中国最具海外影响力明星区,并承担了国家全运会天津全运村的建设。2017 年 8 月 15 日正式开村运动员入住至 9 月 10 日顺利闭村,历经 27 天高效运行,共接待运动员、技术官员、媒体记者约 15000 人,禁住了城市管理的考验,树立了河西区的城市面貌。这些成就无不彰显着各级党组织不忘初心,始终在路上的坚定革命步伐和全区人民上下齐心共同奋斗,为实现中国梦付出的努力。这些成就为天津建成国际大都市既提供了现代化的城市景观又谱写出了当下河西前进的历史篇章。

远远早于天津设卫建城的海河西岸人杰地灵,解析它出现聚落的最早年代,还原它北国江南水乡的原生态风貌、介绍现代工业文明与古老农耕文化在此交汇的历程。及此区域为天津的首善之区,和它在中华人民共和国"青春期"做出的巨大贡献。这些历史基石必将永远成为河西人爱家乡的精神宝库。

2018 年 6 月 15 日

目　录

稼穑彩笔阡陌间

天津市河西区位于市区的东南部，因地处海河西岸而得名。历史上，这里属于滨海地区，地势低平，利于百姓耕种田地，逐渐形成人口众多的聚居地。天津市河西区的历史文化源远流长，人杰地灵，文化艺术人才辈出。早在明末清初，曾有"皇会"之称的民间花会，包括法鼓、高跷、狮子舞等已闻名于世。刘奎龄作为河西区走出的艺术大师，当仁不让地成为河西区最具代表性的文化符号之一。

刘奎龄先生自写像

2003年5月，我与导师何延喆先生共同撰写的《中国名画家全集·刘奎龄》(以下简称《刘奎龄》)由河北教育出版社出版，这是我国第一部系统研究刘奎龄生平及艺术的专著。2018年，本人再次撰写关于刘奎龄的传记，回望 15 年前与导师合作共同开拓刘奎龄研究的历程，有苦寻史料的艰辛，也有喜获线索的欣喜，更有习得研究方法的感悟。至今，我还清楚地记得，在图书出版后的一次座谈会上，自己的发言中有如下的内容："《刘奎龄》一书的出版，是我艺术史研究的重要起点，这个起点很高。但相对于刘奎龄这样一位伟大的艺术家来讲，艺术史及艺术理论的研究还远远无法与他的成就相匹配。因此，《刘奎龄》一书的出版，并非是刘奎龄研究的终结，而恰恰是刘奎龄研究的开始。"

一个世纪的中国画发展历程表明，引西润中的融合派对推进中国画的现代化做出了无可争议的巨大贡献，而借古开今的传统派也有着不容忽视的建树。刘奎龄便是建构在现代与传统两个基础之上的绘画艺术大师。

著名美术史学者郎绍君先生曾说："近现代中国文化的一切变革，都是在西方文化介入之下发生的。""引入西方美术乃刺激中国美术由古典转为近现代形态的必经之路。"刘奎龄从习画之始便对西方文化艺术抱有浓厚兴趣，借鉴与融和西洋写实画法成为刘奎龄国画创作的一个最突出的特色。更为可贵的是，刘奎龄的艺术的根本立脚点是扎根于中国传统和本土化的。他广泛地涉猎中国自身文化艺术传统，而且成功地将外来艺术营养融化在自己的创造中，在他的作品中形成独树一帜的鲜明个人风格。

而同为美术史学者的袁宝林先生也说，刘奎龄是一位有鲜明现代感和朴素民主意识与民族气节的正直艺术家，他以杰出的艺术成就对自己所熟悉的生活环境和巨大变动中的时代和激荡的社会思潮做出了有力的回应。

纵观刘奎龄的全部艺术实践活动，考察他独特画法的形成原因，以及他对所谓北宗画家不抱成见的积极学习态度，可以看出，他以自己的画作所表达的艺术理念实在是少见的对康有为、陈独秀艺术主张最有力而极具典型意义的响应。由刘奎龄开创的融合中西、妙写万物的刘奎龄画派可以说是在徐悲鸿等留学西方的画家之前，早期融合派画家所取得的最重要的成就之一。

　　这或许就是我们今天再次研讨刘奎龄及其艺术的价值所在。

艺途孤旅问生平

　　天津海河下游西岸的"土城"，曾经是一座辉煌的村落，虽然现在已经看不出任何村落的痕迹，全然是一座现代化大都市中的新社区景象。但几百年来，生活在这里的一代代居民，与那不舍昼夜的海河水一样，执着拼搏，为这座城市的发展默默奉献，在历史的长河中，留下他们自己的痕迹。

名门世家　代有人杰

　　清光绪十一年(1885)农历六月十三日，一代艺术巨匠刘奎龄出生于这个城乡结合部的小村庄。正是这个刘奎龄，让今天的人们领略了这个地方历史文化的平实，厚重和深隐的内涵。

　　刘奎龄，字耀辰，又别署耀臣、耀宸，号蝶隐；自属庭院曰怡园，故画中常署"怡园蝶隐"；画斋名有：种墨草庐、蟫香老屋、惜寒堂等名号。

　　刘奎龄的远祖本隶籍浙江绍兴，后经三次迁徙，先由绍兴流寓到安徽庐江县，后北迁至河北静海(今天津静海)，清乾隆年间举家自静海移居土城，刘奎龄这辈人已经是定居土城后的第七代了。刘家最初以经营粮食、油坊起家，在津城近郊算是少有的大姓，由于家族中有人科第为官，非一般"土财主"之流，所以被视为地方上的名门望族，人称"土城刘家"。土城刘家与天成号韩家、益德裕高家、杨柳青石家、正兴德穆家、振德黄家、长源杨家、益照临张家并称为天津"八大家"。

天津八大家的形成，与明末清初天津的海运、粮业、盐务的发展具有直接关系。清初，长芦盐运使署从沧州移至天津，天津成为长芦盐纲(芦纲公所)的基地。因此，在天津，海运、粮食及盐务，就成为富商巨贾聚敛财富的主要手段。土城刘家便是依靠漕运及海运贩运粮食积聚财富，成为当时富甲一方的大户人家。

刘家从静海迁居天津后，起初是以贩卖芝麻渣为业。所谓芝麻渣即榨油后所剩芝麻渣滓，俗称麻酱底子，是一种深受农民喜爱的肥料(瓜类种植业尤为欢迎)，刘家自此开始财源广进，家业逐渐扩大。在此基础上，刘家又自设油坊，生产的油品销往至山东一带。后来因为在山东的销量日益增多，刘家又在德州设立了分坊，在油坊的基础上，又新增设粮行及海船，向关外贩运粮食。为了不断扩大经营范围，刘家的事业开始向粮油之外的锅铁业、钱庄、当铺及其他商业领域扩展，产业一度扩大到在关内关外许多城市。由于经营得方，获利不菲。

但传统封建社会，人们最终看中的还是土地，因此刘家在天津南郊一带大量购置田产，最多时据说曾占有土地58余顷，因为买卖太忙，刘家还另雇用庄头，代为收租管理。但刘家财产的积累仍主要来自商业。

刘氏家族分为"五房"，按族从关系及长幼次序称"大号"

"二号""三号""四号""五号"。

据罗澍伟《天津的名门世家》中记载：

"大号"一支传到晚清光绪年间，出了两位有功名的人：一位叫刘凤篆，字诗龄，举人出身，曾经做过云南禄丰县的知县；另一位叫刘凤翰，字艺林，1889年(光绪十五年)中进士，一生在山西做官，曾当过壶关县的

刘家大号残存住宅

知县，先后署理过太谷、岚县、阳高、长子、长治等县的知县。

"二号"一支传到了第六代，有位四爷名叫刘恩鸿的，字蔗仙，是1888年(光绪十四年)进入国子监的副贡，曾任四川会理州和剑州的知州，署理过四川兴文、梁山、安岳等县的知县，前后达20余年。刘家出的这些有功名者，职不过州县，官不过七品，虽都属于"芝麻官"一类，但在经济、文化都相对落后的天津四乡，也都属"了不起"的人物了，所以在《天津县新志》"荐绅"卷中均有记载。此外还有刘凤皋，举人，在云南做过知县。

刘家二号这一支在土城刘家这五房中财资最为丰厚，刘奎龄便是二号中的一员。据刘氏后人刘新蝉绘制的《刘氏老宅示意图》显示，二号的宅第共由10个四合院相连而成，内部有门相通，在当时当地算是十分讲究的民居了。其布局结构按北方人的习惯，将大家族的整体群落与小家庭的独立分割融为一体，具有旧时乡绅甲第的特色，与这个家族一同经历了沧桑

之旅和兴衰之变。刘家二号六代有兄弟4人,包括在六代中大排行的四爷刘恩鸿、五爷刘恩林和刘奎龄的生父九爷刘恩浚以及十一爷。

刘家的财势,在19世纪末已经开始败落。另外,生产技术的变革也对刘家传统的支柱产业产生了深刻的影响。机械磨坊于光绪四年(1878)开始在天津出现。这对旧有的石磨业产生了相当地冲击,导致刘家的油坊与粮行的生意不得不逐年收缩。

1900年(清光绪二十六年),八国联军从大沽口炮台登岸,入侵天津,天津保卫战开始。土城、黑牛城、八里台、紫竹林租界一带都成了激战的战场。刘家的老宅——土城的地理位置刚好位于八国联军入侵天津的战线上,土城刘家的族人纷纷"逃反"(当时天津人称避乱为逃反),搬到相对安全的城内居住。庚子之乱,刘家的当铺及所藏其内的大量财物被抢烧一空,虽然还有一些其他的商行及土地,但由于家人不善经营,生意日渐萧淡,遂至破产。为了躲避战乱,刘奎龄与其父一度由土城迁居北门里户部街。1913年,其四大伯刘恩鸿(恩洪)从四川御任返津,带回银子二万余两,才算把家人接回土城老宅。

五爷刘恩林热心地方公益事业,在清末废庙兴学的

户部街街景

土城刘奎龄旧居所在地
今为河西有线电视台

运动中,刘恩林带头捐资,将土城村中原先的大庙改为小学,并延请师资为村中的适龄学童授课。这就是今天仍在河西区土城地界内的土城小学的前身。虽然热心地方公益,很受地方百姓拥戴,但刘恩林总有一个心结无法解开,那就是他还没有子嗣。发妻吴氏只有两个女儿,吴氏去世后,刘恩林续娶的夫人虽然生下一个男孩,但未及成年便又不幸夭折。

刘奎龄之父是刘家二号的九爷,与刘恩林关系亲近,眼看兄长家中没有子嗣,便将自己的独生子刘奎龄过继给五爷为嗣。刘奎龄过继后,兼祧两房,倍受父母们的疼爱。

1902年,天津近代著名教育家严修联合天津士绅共同创办天津民立第一小学,刘奎龄在土城村接受过私塾教育,在天津城里上过青年会普通学堂接受过新式教育后,又转入天津民立第一小学就读。天津民立第一小学是天津第一所新式小学,在这里刘奎龄开始接受新思想,虽然他学的美术课、音乐课仅仅是初等教育中的副科,但从这时他开始正式接触到西方艺术,这也为日后从事绘画埋下了创作美的种子。艺术课上,西方绘画作品的写实手法令刘奎龄惊奇,他的求知欲被激活,他从传统文化中觉醒,开始探求这些外来的文明,近代西方文明在天津这座城市的大量涌入,影响着刘奎龄的人生观和世界观的形成，并最终改变了他的人生轨迹。

敬业学堂　问道新学

　　1904年10月17日，严修与张伯苓创办敬业中学堂。刘奎龄在姐姐刘霭茹的资助下，进入敬业中学堂学习。在学期间刘奎龄的英语成绩最为突出，这为他以后查阅外国生物资料奠定了坚实的基础。此后，刘奎龄便开始自学绘画并逐渐走上了以卖画为生的道路。

　　世人总是将刘奎龄与南开中学联系起来，而且往往说刘奎龄是"南开中学首届毕业生"。但刘奎龄真的上过"南开中学"吗？刘奎龄就读的"敬业中学堂"虽然确实是"私立南开中学堂"的前身，但刘奎龄就读时，更名为"南开"了吗？为什么目前所见的全部《南开同学录》中首届毕业生名录中均没有刘奎龄呢？下面我们来看看刘奎龄究竟经历了什么样的学习历程。

　　关于刘奎龄是南开中学学生的记载，流传最广、也最具权威性的说法，除天津档案馆的档案记录外，便是来自于刘奎龄的外甥严仁曾的回忆。严仁曾在《天津文史丛刊》第一期刊发的文章《回忆舅父刘奎龄先生》中写道："舅父奎龄先生，是天津南开中学第一班学生，与梅贻琦、喻传鉴诸先生同学。"但此文

天津民立第一小学

只说刘奎龄是"南开中学第一班学生",并未提及刘奎龄是否从南开中学毕业或肄业,给后人留下了不少推测的空间。

在中国人民政治协商会议天津市委员会文史资料研究委员会编辑出版的《天津史志丛刊——天津近代人物录》(二)中,"刘奎龄"条目下也记载:"(刘奎龄)少年时期在天津敬业中学(今天津南开中学)就读,接受西画有关透视、比例、色彩、光影等写生常识。1905年毕业后,即开始刻苦自学,博览、临摹古今名画。"此书中将刘奎龄的就读学校记载为"天津敬业中学(今天津南开中学)",其实"天津南开中学"这个称呼并不准确。严格地讲,1898年,严修开办家馆,聘张伯苓任教,这时严氏家馆被称为"严馆";1904年10月17日,在严氏、王氏家馆的基础上创立私立中学堂,后改名"敬业中学堂";1905年改称"私立第一中学堂",严修为校董,张伯苓任监督(即校长);1906年在南开兴建新校舍,1907年学校更名为"私立南开中学堂"。

从1898年严修聘请张伯苓担任家塾教师,到1904年私立中学堂(即后来的南开中学)建立,中间经过6年时间。这6年,既是世纪交替之际,也是中国历史上一个空前的大变革时期,其间许多争论、冲突的焦点都是围绕教育、学术与文化展开的。6年中,新学制建立,新学校逐渐取代旧科举,中国社会也随之发生巨变。

长期以来有种模糊的说法,认为聘请张伯苓是严氏家塾的开端,其实并不准确。严家一直以来注重子女教育,仅以严修在家设馆、聘师教子而言,是始于他进京任翰林编修的转年(1887年)。第一位教师为陈璋,而后又请陶仲明、赵士琛、赵元礼等任教。使黔期间,严修把家眷留在北京,并嘱陶氏进行算学教育。1898年严修离职回津,便将京津两馆合并。由于原聘英文教师去海军就职,教席出现了空缺。亲友向严修推荐了一位名叫许子政的老师,不过许氏因为有了其他工作无法就任,转又推荐了自己的内弟张伯苓。张伯苓不仅教英文,还以自己的才干获得严修的认可,陆续担任了算学、体操等科目的教学工作。

1901年4月,受战争影响一度停课的严氏家馆重新开馆复课。这时严馆学生增至11人,除严氏子侄5人和陶孟和(陶仲明之子)、张彭春(张伯苓之弟)外,又有几位亲友子弟加入。老师方面,张伯苓仍教英文、算学,并逐渐成为严馆教学的组织者。陶仲明不幸于乱中病故,国文课改由陈哲甫任教。同时,严馆中又来了3位日文教师:大野捨吉、足立传一郎和岩村氏。

严馆课程也进行了调整,原本"半日习国文,半日习英文"。从这年冬,功课加紧。据严修之侄严智惺的日记,张伯苓设计了一份新日程表:"早七时半起。八时十五分入馆,添读英文。自九时四十五分至十一时四十五分课几何学。十一时四十五分后体操。每晚东文。十时放馆。十时十五分息。"新日程将国文、英文、算学课均置于上午,留出下午自习、读书、写作,并在每晚添加日文课。

严仁曾是严修先生的侄孙,其父严智惺也是"严馆"的首期学员。据《严修年谱》记载,1898年11月28日(清光绪二十四年十月十五日),严修设立家塾,取名"严馆",聘张伯苓先生主讲,英、算、理、化诸科,时称"西学",教授其子侄5人智崇、智怡、智庸、智钟、智惺以及陶仲明之子陶孟和。

严仁曾作为严智惺之子,生于1902年,其母刘蔼茹是刘奎龄的亲姐姐。严仁曾幼年也曾受严修教导,1915年考入南开学校,加入新剧团,曾与周恩来同台演出《仇大娘》《一念差》等剧,1920年到美国学习。20世纪50年代,周恩来嘱其编写《严修年谱》。他经过多年努力,根据严修几十年的日记编辑整理的《严修年谱》于1990年出版。所以,目前市面上所有研究"严馆"以及刘奎龄就读"南开"的最原始史料均出于严仁曾先生之手。

以严仁曾出生时间1902年推算,严智惺与刘蔼茹结婚的时间肯定早于1902年,而刘蔼茹嫁入严家时,"严馆"或许已经创办。严智惺作为"严馆"的首届学生,学习到的许多新学知识,以及眼界的开阔,肯定对夫人刘蔼茹有极大的触动。念及家中的弟弟刘奎龄迫切的求学需求,刘蔼茹向严家提出让弟弟刘奎龄进入"严馆"学习,似乎理所当然。联系上文中所述:"1901年4月,受战争影响一度停课的严氏家馆重新开馆复课。这时严馆学生增至11人,除严氏子侄5人和陶孟和(陶仲明之子)、张彭春(张伯苓之弟)外,又有几位亲友子弟加入。"刘奎龄极有可能是从1901年4月后进入"严馆"开始学习的。

所以刘奎龄如果是从1901年开始入学就读,到1904年"敬业中学堂"创办,实际上已经完成了5年的学习。如果刘奎龄就读的时间已经至"严馆"与"王馆"整合更名为"敬业中学堂"的1905年,刘奎龄实际上已在这所学校上了6年学,而如果刘奎龄还经历过1907年更名的"私立南开中学堂",则意味着他经历了从"严氏家馆"至"私立南开中学堂"近7年的学习。

综合起来看,严仁曾先生在回忆中并没有强调舅父刘奎龄从南开学校毕业,因此我们可以推断,刘奎龄确实没有"毕业"。但有研究学者曾在相关著述中推测"(刘奎龄)为天津南开中学首期学生，未及毕业便辍学"的说法其实是不成立的。因为刘奎龄通过姐姐刘蔼茹进入"严馆""敬业中学堂""私立南开中学堂"的时间总长应不低于 6 年，应当已经完成了现在意义上"小学"或"初中、高中"的全部学习。作为"子弟生"，要不要一份毕业证书，对刘奎龄并没有什么硬性需求，刘奎龄此时家境尚可，并无就业压力，上学的最主要的目的便是学习新学知识，开阔眼界，而近十年的学习，已经完全达到了这种目的。

刘奎龄学成后离校，因此时学校尚未形成健全的毕业制度，刘奎龄学习的目的也并非以取得学历为主，故不能简单地称刘奎龄为辍学或毕业。

1907 年，时值"私立南开中学堂"校舍落成，学校创立并走上正轨，需要严格管理，在毕业也需要符合考试制度的情况下，刘奎龄作为一名不以"拿文凭"为学习目的的学生，这时候离开学校正是最恰当的时间。

天津档案馆收藏的刘奎龄情况登记表中，学历一栏记有："严氏私立一中学即敬业中学堂。"刘奎龄并没有说自己是否毕业，这或许是刘奎龄对自己学历最准确的说明。

融会中西　自成一派

在 20 世纪早期，日本是中国知识分子向往的留学国度。刘奎龄也曾要求家长送其前往日本留学，却遭到强烈反对，最终未能成行。这时的日本画坛，新日本画运动盛行，那种融入西法又不离传统、画风既精致又洗炼、既清晰又朦胧、既有工整的写实面貌又有雅洁的意笔情趣的新日本画，对刘奎龄产生了很大的吸引力。尤其是日本圆山四条派的代表画家竹内栖凤，倍受刘奎龄的推崇。此外，刘奎龄学习借鉴日本画风，也受到亲朋好友的支持，同族的刘伦就曾把在日本留学期间搜集到的很多动物明信片送给刘奎龄，供其创作时参考。

1925年，日本画家横山大观来中国巡游写生，刘奎龄带着7岁的儿子刘继卣会见了横山大观，并与其一同写生，借机学习日本绘画的技法，并且在日后的创作中与传统中国画技法相互融合，最终开创出一种既有别于传统中国画法也区别于日本绘画的全新画风，终成一代绘画大师。

当然，刘奎龄艺术的形成过程中还吸收过许多中国传统绘画的因素，其中天津地方绘画传统，对他的影响也不容小觑。

在刘奎龄学习的过程中曾借鉴过天津近代画家张兆祥的画法，这源于天津另外一位老画家陆辛农。1907年3月23日，由吴芷洲主办的《醒俗画报》在天津城西北角创刊发行，画家陆辛农为主笔。陆辛农年龄略小于刘奎龄，与刘奎龄远祖是绍兴同乡。陆辛农曾问学于张兆祥，得其真传，花卉、人物、山水兼擅，以花卉成就最高，当时在津门已有不小的名气。陆不但画得一手好画，而且是一位饱学之士，对传统画论研究有很深的造诣。刘奎龄一生从未拜师求艺，主要靠自学、实践和交游来积淀艺术功底、掌握画学津要和扩展艺术视野。刘奎龄的画笔在当风渊源上与张兆祥的密切联系，不能说与陆辛农毫无关系。刘奎龄对陆辛农的画艺、学识都十分钦佩。当时因一幅时事画《升官图》涉及清廷的政治丑闻，揭露了慈禧太后的宠臣载振，吴芷洲与陆辛农因成龃龉，陆愤而辞职。时隔不久，刘奎龄受聘为画报作图。刘奎龄在《醒俗画报》工作了多长时间目前还不能确切得知。但这段经历在刘奎龄此后的人生道路上所起的作用不能低估。这是他涉世后第一次谋到的社会职业，而且这一职业又能结合他的爱好和专长。创作新闻图画，需要培养画家的责任感，对生活的兴趣、敏锐的观察力和快速记忆、即时表现的能力及写实能力等，能够解决许多传统绘画学习中不易掌握的技术难题。这些对他日后从事具有高度写实特征的国画创作有所裨益。同时对他开拓眼界、增加社会阅历、熟悉人间百态、省察自身和做出更好的人生选择不无积极意义。

张兆祥(1852—1908)，字和庵。年轻时曾师从天津画家孟绣村，成年后，张兆祥将西洋照相法运用于绘画之中，其花卉作品以写实著称，名噪一时。除此之外，张兆祥还善于将诗文书画相结合，吸收郎世宁西洋画法，开一代画坛新风。

张兆祥的作品以花卉翎毛为代表，画风着色清妍，备极工致，既有恽寿平没骨画法又有西洋写实方法，经其巧妙融和，自成一派。据后人记载，张兆祥在作画时，运用摄影方法将花卉的各种姿态拍摄下来，再加以组织、变化和局部临写，最终的作品往往非常深入具体且富有真实感。在摄影的启发下，张兆祥用木条订成取景框，在写生时用取景框廓选景物，以寻找构图感及变化章法和角度。此外，张兆祥在颜料的选择上也十分考究，据说他曾短期受聘于皇家如意馆，得到了一些赏赐，即民间不易得到的名贵颜料。颜色的制作也非常精细。点写虽秀巧但毫不拘执，花之向背、枝之偃仰、萦纡高下、各自条畅、生机勃露、秀润动人。

张兆祥是一个艺术思想较开放的人，既继承传统，也师法自然。在刘奎龄的不少作品中，也可以看到他自己题款仿某位前朝画家，这些画家与张兆祥曾经学习的前代画家有着许多重合，如黄筌、徐熙，恽寿平等，当然也包括张兆祥。

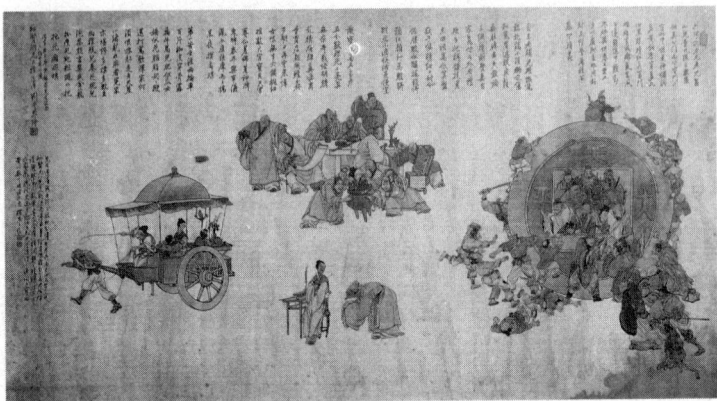

《熙熙攘攘图》

虽然没有直接证据表明刘奎龄曾拜师张兆祥门下，但刘奎龄"丙寅新正"（1926年春节）创作的《熙熙攘攘图》中，刘奎龄自题说此画以张兆祥一幅作品为蓝本临摹并进行再创作，说明张兆祥作为近代天津画坛的领军人物，对刘奎龄的影响是非常大的，同时也说明了刘奎龄与张兆祥之间存在一种潜在的承传关系。

老有所为 艺有传承

中华人民共和国成立后，刘奎龄成为第一批美协会员，同时也成为最早受到中国共产党和人民政府关怀重视的画家之一。为了发扬民族绘画的优良传统，改进国画创作和发现人才，在中央人民政府文化部的号召下，1953年9月16日，全国美协主办了首届全国国画展览会，作品由各省市文化主管部门负责征集,经全国美协组织的评委会评议,从送选的八百余件作品中选出了247件作品参展。这是新中国首次中国画创作的盛会和巡礼。天津市有5人入选,分别是:萧心泉、靳石庵、刘奎龄、刘子久、孙克纲。之后由人民美术出版社选出55件作品出版了《全国国画展览会纪念画集》。天津画家刘奎龄的《孔雀》及刘子久的《贺新春》入选。当时,这本画集备受社会关注,使刘奎龄、刘子久在全国的知名度大大提高,从而也进一步确立了他们在天津画坛上的重要地位,始有"津门二刘"之说。与同时有画作入选全国国画展的萧心泉、陆辛农被天津画界誉称为"津门画界四老"。1953年,刘奎龄被聘为天津文史馆馆员;1955年被聘为中国人民政治协商会议天津市委员会委员;1956年被推选为中国美术家协会天津分会副主席。作为文使馆馆员,刘奎龄每月可领取60元人民币的津贴。在书画市场尚不大景气的状况下,这60元津贴基本上解决了老画师生活上的后顾之忧。

中华人民共和国成立后,由于历史原因,曾经出现过多次政治运动,但刘奎龄因其清白正直、待人诚笃、安贫乐道、不以名傲人、将画画作为人生

照片拍摄于1947年秋,刘奎龄为贺母亲九十大寿。左始:后排:刘继先、刘继卤、刘奎龄、刘继锐、李淑英(抱着刘新月)。中排:陈文淑、刘继敏、刘奎龄母亲。前排:刘新云、刘新迪。

第一乐事，故而生活中似乎没有受到政治运动的太多波及。

1958 年 8 月 10 日，中央领导人（毛泽东主席）视察天津时，在干部俱乐部接见

照片拍摄于 1947 年秋，刘奎龄为贺母亲九十大寿。（排列依次为）后立者左始：刘继卣、刘奎龄、刘继锐；中坐者：刘奎龄母亲；前排：李学涛、刘新迪、刘新云、刘新月。

了刘奎龄和刘继卣父子俩，并鼓励他们为人民多作贡献。新闻电影制片厂还为刘奎龄拍摄了专题报道，使刘氏父子受到了很大的精神鼓舞。

1960 年 6 月 17 日，第三届全国美展在京开幕，刘奎龄所绘《孔雀》入选。1961 年中国共产党成立 40 周年前夕，77 岁的刘奎龄，不顾虚弱的身体，欣然挥毫，以《造福人民，万岁千秋》为题，画一蝠、一寿，彩墨润滋，淋漓秀爽，画风秀逸洒脱，浑然天成，代表了他晚年的风格。

1962 年 8 月 24 日至 9 月 24 日，"刘奎龄国画展"在北京市美协展览馆举办。此前，经过长时间准备的"刘奎龄画展"在天津美协展览馆举行。这是刘奎龄绘画艺术的一次全方位的亮相，包括他各个时期、不同题材的作品六百余幅。观者如潮，异常涌跃。恰好几位东欧某国的友人到津访问，参观了这个展览，他们驻足在一幅《松猴图》前，被画面上猴子那逼真活脱、机灵顽皮的情态所吸引，很想买下来带回国去，但被婉言谢

刘奎龄在画室中授徒

刘奎龄先生课徒照片
右起：刘奎龄、李安忠、郭玉岭

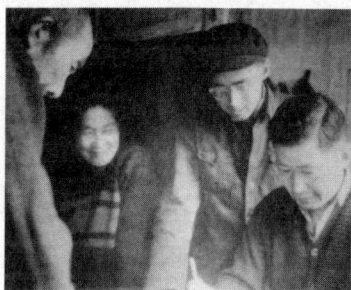

左起：刘奎龄、刘继敏、
刘新星、刘继卣

刘奎龄先生课徒照片
左起：段忻然、姚麟章、
刘奎龄、李复兴

绝。后来这幅画被天津的一个美术单位收购，作为珍品收藏了起来。

1966年"文革"风云骤起，许多美术界的同仁受到迫害和冲击。年过八旬的刘奎龄，也承受着巨大的精神压力，在自危中惴惴度日。那时，刘奎龄的艺术活动已完全停止。1967年6月12日，时值当年端午节，刘奎龄突发脑溢血去世，终年84岁，一代宗师永远地放下了他那曾经创造出数以千计珍品的画笔。

刘奎龄在绘画艺术上不断探索创新，穷其一生创造了刘氏画风，同时也创造了一个流派，培养了以刘继卣为代表的一批传承人。除三子刘继卣之外，刘继敏、刘振兴、王树山、郭玉岭、段忻然、王阑生、刘新星、刘蕾、刘葵、刘楠等后人和学生，均成为了刘氏艺术的薪火传人。

怡园种墨草庐香

刘奎龄成年以后，其艺术生涯可分为四个阶段。从 1905 年至 1919 年为第一阶段，刘奎龄开始自学绘画，并且成为职业画家，开始为报馆绘制插图，以卖画为生。从 1920 年至 1939 年为第二阶段，这 20 年间，刘奎龄吸收融汇各家所长，在此基础上，开始尝试动物画创作。从 1940 年至 1949 年为第三阶段，这 10 年间，刘奎龄的动物画，从技法与意境方面开始显现出自己的独特面貌，达到极高的水平，形成独树一帜的艺术风格。1949 年中华人民共和国成立后至 1967 年刘奎龄去世，为第四阶段。刘奎龄的艺术受到中国共产党和中央人民政府的重视，刘奎龄为回报社会，开始收徒教画，为刘氏艺术的传承与发展做出了巨大贡献。他存世的作品，绝大部分集中在 35 岁至 65 岁之间完成。

自学成才　兼取东西

刘奎龄从幼年自学绘画开始，经过初等和中等的新学教育，已经具备了一定的绘画基础。从 1905 年至 1919 年，基本

临摹西方画报插图

上走的是求职谋生和尝试以画自立的道路。

这一阶段，刘奎龄既画西洋画，也画中国画。西洋画主要是素描和水彩，水彩多描绘动植物及静物，也画一些类似早期商标的装饰画；中国画主要是人物、花鸟，也偶见一些以小动物如猫、犬、松鼠为主题的作品。刘奎龄在为《醒俗画报》绘制插图时，发表过不少反映民俗生活、揭露社会不良现象的时事风俗画，为后人了解当时的社会面貌及天津地方的世态民情，提供了真实具体的形象资料。最初，《醒俗画报》的形式"仿上海飞影阁为折叠式"，图绘也受到点石斋和飞影阁的影响。《点石斋画报》和《飞影阁画报》的绘图者为清末上海名家吴友如、周慕乔、田子琳、任阜长、张淇等。当时的天津市面上，也有《点石斋画报》流传，并非常受市民喜爱，阅读率很高。刘奎龄应聘《醒俗画报》画师后，也参考吸收了点石斋画师们的优长之处。光绪年间，海派画家钱慧安从上海来到天津杨柳青，为年画作坊绘制了百余种稿本，这些稿本经杨柳青年画艺人的刊刻，印成的年画作品一时风行华北地区，甚至作为贡品，进入紫禁城中，受到慈禧的赞赏。一时间，钱慧安的作品在津流传甚广、影响深远。刘奎龄的人物画作品中可以看出不少受钱慧安及海派艺术的影响，显现出古雅通俗的品性。

刘奎龄少年时代还临摹过晚清插图本《三国演义》及《聊斋志异》，二书皆为光绪年间上海同文书局石印，书局主编广百宋斋主人聘请当时上海的名家如钱慧安、徐小仓、谢闲鸥、杨伯润、吴友如、田子琳等人绘制。鲁迅先生曾认为，"花纸、旧小说之绣像、吴友如画报，皆可参考，取其优点去其劣点。"刘奎龄1926年所作《唐人诗意》四条屏，及后来所绘《叶绍翁诗意》《十二生肖故事》等作品，都明显受到《聊斋志异》插图的影响。刘奎龄不但临摹聊斋，也对聊斋的故事非常熟悉，他的外甥严六符曾回忆，自己幼年的时候，经常晚上缠着舅舅给自己讲故事，很多故事便出自《聊斋志异》《西游记》等。对这些神怪故事的体悟，让刘奎龄生成一种对身边事物的敏锐感受，所以他的画中无论人物还是鸟兽，都有一种与生俱来的

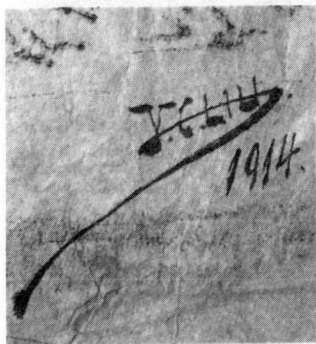

美人嗅花图英文名款及记年

素描《美人嗅花图》

幽玄神秘的气氛,这种气氛荡漾在画面中,透露出刘奎龄"披其图而证其说"的内心体验。

至于鲁迅先生所提到的"花纸",实际就是民间年画。年画研究学者王树村先生考证,在我国美术词汇中,本没有"年画"这一提法,年画是清末报人彭翼仲(贻孙)拟定的。在天津一代称为"画马""花纸画",也泛指由年画作坊制作的各类通俗装饰画,这些民间工艺美术,便是刘奎龄自学道路上的"启蒙教材"之一。

在刘奎龄的作品中,有很多作品,如《富贵寿考》《太平乐业》《五伦图》等基本上保留了民间年画的审美气质,这些作品反映的内容均是健康向上、关心现实、喜庆吉祥、反映底层生活愿望的。更为可贵的是,刘奎龄与年画艺人一样关心民族命运,绘制了反殖民主义、歌颂爱国志士的作品。

《国耻图》

刘奎龄创作的《义和团抗洋兵》扇面,在20世纪前期的画坛中堪称空前绝后的作品,这可以从某个角度证明杨柳青年画对刘奎龄艺术的地缘影响,这种从民间艺术中吸收营养的做法,使刘奎龄艺术中充满了鲜活的生命力,它与清末画坛中那种一味摹古的所谓文人画大相径庭，与中国画百余年来不断吸收外来因素、不断融合创新的主流趋势不谋而合。

鲁迅先生在给版画家李桦的一封信中曾谈到："至于怎样的是中国精神，我实在不知道。就绘画而论，六朝以来，就大受印度美术的影响，无所谓国画了；元人的水墨山水，或者可以说是国粹，但这是不必复兴，而且即使复兴起来，也不会发展的。所以我的意思，是以为倘参酌汉代的石刻画像，明清的书籍插画，并且留心民间所赏玩的所谓'年画'，和欧洲的新法融合来，也许能够创造出一种更好的版画。"（《鲁迅美术论集》，张光福编注，云南人民出版社，1982年，490页）鲁迅先生写于1934年的这段话，距刘奎龄自学绘画的时代已过30年，而今我们再次读到这段话时，对比刘奎龄的绘画艺术，仍有许多值得回味的地方。在刘奎龄取法和继承上走过的道路，恰恰与鲁迅先生的见解相应和。

刘奎龄这一阶段的作品，在各收藏单位、文物部门、书画拍卖活动及各种出版物中尚未得见，但在私人收藏品中已有发现。一为《菊石白头》，一为《猫》，都是画在绢素之上，风格介于张兆祥和海派绘画之间，尽管还不太成熟，但下笔从容，工润而不艳媚，墨色也能融汇贯通，湿气扑面，无躁笔枯锋，用线融合恽派的温和及海派的活泼。这种画风，在他后来的作品中还能约略见到，如1928年创作的《猫蝶图》册页，较多地运用了淡接浓、浓破淡的湿画法，精致而无匠气，颇具情趣。

广学各家　开创新风

从1921年开始，刘奎龄走上了以卖画为生的职业画家道路。

从 1920 年创作的《一门五福》这幅作品中，我们可以看到刘奎龄这一时期花鸟画的基本面貌。在这幅以鸡为主题的作品中，描绘了雌雄两只成年芦花鸡带着 5 只小雏鸡在田野间嬉戏的场面，画面中洋溢着浓郁的田园气息，背景没有过多的补景，仅以淡彩写出一杆芦苇，借以暗示这个温馨的场景似乎是发生在某个农家村落的小溪或湖水边。简单的背景衬托出前景芦花鸡一家，尤其是两只成年鸡的复杂毛色，以简托繁，松弛有度。画面中，几只小鸡或奔走争食，或躲在母鸡的翅膀下撒娇，生趣盎然，仿佛可以听到雏鸡的吱吱的叫声。母鸡的慈爱与公鸡的机警，在刘奎龄的笔端跃然纸上，这应该就是刘奎龄熟悉的津郊农村生活的真实写照。刘奎龄的作品形象刻画力求逼真，结构准确，作品中显露出西方水彩画的造形手法，同时也融合了中国没骨画的创作方法。这种独特的中国画新面貌，与刘奎龄早期学习西画有着密不可分的联系。通过早期为画报画插图的经验积累，刘奎龄画作的造型、用色、透视、虚实，无不显露出他在西画方面下的功夫。

除了借鉴西画的造型意识、解剖结构和透视法，刘奎龄还吸取了日本绘画中不少有益的因素。

在清末民初强调"中学为体，西学为用"的时代，欧美的科技先进虽然对中国来说是不可否认的事实，但如果从欧美直接引进、照搬，对国人来讲从心理上还无法接受。此时的日本，在明治维新之后，逐步走进发达资本主义国家的行列，由于日本文化与中国的血脉渊源，在吸收西方文明的同时，还保留了许多东方文化内核，并且有许多方面的引进也进行了东方思维及处理方式的改进，因此日本便成为中国吸收西方先进科技与文化的中介与桥梁。

刘奎龄所处的时代，加之他早期在严氏家馆接受日本教师的新式教育，使他不由自主地走上了这样一种"折中中西"的吸收借鉴之路。

比刘奎龄更早实行"折中中西"的画家是岭南画派的高剑父、高奇峰，二人都曾留学日本。高氏昆仲的"折中中西"主要借鉴以京都派为主的日本画，这与刘奎龄借鉴竹内栖凤、横山大观等人的绘画有不谋而合之处。但二高最初师从广东画家居廉，留学日本后，却几乎全部放弃了居廉的传统风格。刘奎龄在20世纪20年代至30年代初，同样有取法居廉、居巢的趋向，且随着绘画生涯的演进，不断深化对传统的探索与钻研。比较二高与刘奎龄的作品，二高之作多是淋漓奔放、浓郁豪强的写意画，作品传达的主要情感也是时而悲怆、时而狂喜。这与他们关注世事、国事、人事的英雄主义抱负和经历有关。而刘奎龄的作品却充满一种乡土气息，画风朴素、平易近人，虽然在他的作品中看不出广阔的生活视野，但体现着画家对自身生活环境的入微观察。相比于二高的高瞻远瞩，刘奎龄的这种踏实实践，对当下的社会更具现实意义。

妙笔生花　自成一家

20世纪40年代，刘奎龄的绘画取得了极大的成就，达到了他艺术创作的巅峰，这一阶段可以看作是刘奎龄艺术的第三阶段。

在这个阶段，刘奎龄的绘画技法日臻完善，高度成熟，实现了没骨勾勒与丝毛画法的结合，形成自己独特的造形表现手法,刘奎龄独特的艺术风格也受到市场的认可。

刘奎龄的艺术创作,对传统中国画是一种有益的改革,这种尝试并非一出现就获得了世人的认同,而是受到一些人的讥讽、嘲笑,但刘奎龄仍自行其道,在创新的道路上坚实地留下每一个脚印。经过长期实践,刘奎龄在20世纪40年代,已经通过继承传统与借鉴西法自成一派,成为独领动物画风骚的大师。在技法上,刘奎龄达到了前无古人的独创,在意境上,刘奎龄营造出品位高雅的趣味,无论视觉感受还是精神关照,都为中国画开创了一派新天地。刘奎龄的作品以平易自然、真实空灵的画风,赢得了众多人的喜爱,其中尤以走兽画最受推崇。

这一时期,刘奎龄的走兽画可分为两大类:一类是大型哺乳动物,如牛、马、驴、鹿、骆、驼、虎、豹、狼、狮、熊等;另一类是小型哺乳动物,如猫、狗、狐、猴、羊、兔、松鼠等。

刘奎龄作品中有大量的猫、狗、狐、猴、羊、兔、松鼠,这些性情温顺的小动物是他画中的主角。从1940年到中华人民共和国成立这近十年间,刘奎龄画了大量以小动物为题材的动物画作品,如《双猫》《佳侣》《祥和春光》《枫猴代代》《久戍槐瑰》《三羊开泰》(1940年)、《双犬吠蕉》(1941年)、《猫蝶》《松鼠》《猴柿图》《双狗》《伴侣》《猫趣》《耄耋千秋》(1942年)、《色色吉祥》《巫峡秋声》(1943年)、《柳塘戏蝶》《眈眈虎视》《东走西顾》《可望不可及》《松鼠忙秋》《庭园双侣》(1944年)、《结伴收秋》(1945年)、《荷花双猫》《水畔沉思》(1947年)等。

这些画,除了画中那些惹人喜爱的动物外,背景的处理也显现了刘奎龄对土城周边乡村田园生活的热爱。画中的猫、狗徘徊嬉闹于村间小路、农家院落、篱笆墙下、池塘岸边、柳阴花丛。作品充满了刘奎龄对平凡生活的各种美好联想，面对这些画作，仿佛能听到一曲曲田园牧歌回荡在耳边。

创作于1942年的《猫趣》表现了两只花猫在荷塘边的怪石上，伺机扑捕一只飞舞的蜻蜓的场景。一朵盛开的白荷随风摇曳，在荷叶的映衬下，白荷亭亭玉立、婀娜多姿。两只小猫，一只黑白花纹，一只黄白花纹，充满顽皮与好奇的眼神，盯住飞舞的蜻蜓，蹑手蹑脚地迈着"猫步"，靠近想要停歇在荷尖的蜻蜓。

刘奎龄平日里极为注重观察生活，所以才能将猫儿的神态捕捉得如此传神，同时，刘奎龄也通过这样一个日常生活中的平凡瞬间，营造出一种平淡怡人的意境，给人以无限美好的联想，令人不得不叹服画家把握画面气氛的高超控制力。类似的作品还有《可望不可及》《荷花双猫》等。

刘奎龄作画之前，总要精心创作草图，这种草图并非粗率的轮廓或大致安排一下位置，而是对将要进行的创作进行全方位的精准研究。

据刘奎龄的后人讲，刘奎龄的亲戚李瀛之饲养了一只蝈蝈，与人斗战从无敌手。蝈蝈死后，李瀛之带着蝈蝈的遗体来到刘奎龄家，请求刘奎龄为蝈蝈画一幅画，以示纪念。刘奎龄欣然应允。过了些日子，刘奎龄托人告诉李瀛之，蝈蝈画好了，等他来看。李瀛之赶到刘奎龄处一看，嗨！还真是自己那只蝈蝈。后来李瀛之逢人便夸刘奎龄这幅画，说："刘奎龄画的这只蝈蝈，从脑线到牙须，种种细节与生者无二，宛然虫世。"目前所见刘奎龄的作品手稿中，就有蝈蝈图稿：蝈蝈俯视呈现，两腿各有不同，一条腿以粗线实线画出，正实踏于地，而另一条腿以曲线略略勾出，小腿处只画出腿刺，有抬腿凌空的趋势，可以反映出刘奎龄的线描功底。在刘奎龄1944年创作的《白菜蝈蝈》中，两只蝈蝈一动一静，上方的蝈蝈正在整理触须，下方的蝈蝈则振翅而鸣，犹如夏天午后的瓜圃风物，好像一不小心，画中的鸣虫就会蹦离画面，惊遁而去。

强调写生、状物摹形，逼真生动而兼顾笔情墨趣，是刘奎龄的艺术特色。刘奎龄借鉴日本绘画的代表人物中，如圆山应举、竹内栖凤等人都是擅长花鸟昆虫绘画的高手，他们的写生以精确再现物象并结合研究为宗旨，留下了许多写生手稿。这些手稿多是以比较物象的种类而形成类似教学图谱式的草图。圆山应举在《昆虫写生帖》一页之内以一种昆虫为代表，展现了该昆虫的正侧腹面及足翅等诸多细节。各种草虫在刘奎龄笔下，也以不同角度、不同动态呈现。这种近乎动物标本似的草图，为日后的成画创作，积累了大量的素材。更有甚者，刘奎龄还直接把鸟羽虫翅粘贴在画幅上，相应对照，他严谨的创作态度，可见一斑。

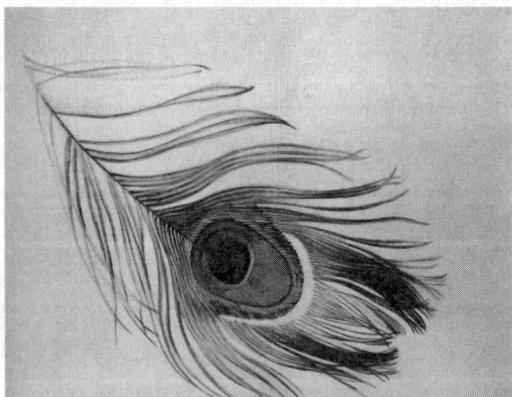

孔雀羽毛

除了花鸟草虫，刘奎龄最为令人叹服的便是他的走兽画。而走兽画中，又以大型猛兽最为出色，刘奎龄将中国画猛兽题材的创作，推至前人从未达到的高度，开创了一代新画风。

虽然刘奎龄没有"行万里路"的经历，生活视野也算不上

《空谷听风》

广阔，但他通过各种渠道了解动物的生活习性，往往可以把它们置于一个虽不真实，但却恰当的环境之中。刘奎龄绘制狮、虎、豹、狼、熊、猞猁、狐狸等动物，几乎没有机会写生，那他是如何将这些大型动物或猛兽表现得惟妙惟肖的呢？

近代天津没有专门的动物园向市民展示大型动物，偶尔见到，可能是少数外国马戏团来天津进行驯兽表演，才有机会获得这种亲眼目睹猛兽的机会。平日里刘奎龄静心修禅，但马戏表演来的时候，刘奎龄必会前去，他不是去

凑热闹，而是以一位艺术家的敏锐目光观察这些大型走兽的一举一动。刘奎龄创作动物画形象的主要来源还有各种外国动植物杂志，像《美国国家地理》那样的刊物上，经常会刊登一些奇珍异兽，每当刘奎龄得到这样的资料，心情简直是如获至宝一般。刘奎龄自己也有一架相机，家中还养着一些诸如鸡、白鼠之类的家禽与小动物。他通过参考照片中静止的动物外形，通过研究家中豢养的小动物的活动，举一反三，通过自己丰富的想象，在创作中把各种动物表现得生机盎然、栩栩如生。在他所画的动物中，有许多是根据照片影像来创作的，可如果拿照片与画中的动物进行比较，又会发现，画中的各种动物与照片上的动物存在着许多不同，画上的动物甚至比照片中的影像更为逼真。这说明刘奎龄善于捕捉动物的典型形象，并通过独创的艺术手法将其展现出来，这也是一位画家在艺术上达到成熟的标志。

徐悲鸿先生曾提出绘画要"尽精微，致广大"，但从艺术实践与最终效果来看，徐悲鸿及其传派似乎都没有完成徐先生的理论追求。刘奎龄在几乎不与任何艺术流派和艺术思潮接触的情况下，默默于艺坛孤身前行，率先从艺术实践的层面达到了"尽精微，致广大"的理论要求。难怪当中华人民共和国成立后，徐悲鸿见到赴京参展的刘奎龄的作品时，有一种相见恨晚的遗憾与感慨。徐悲鸿的声名与影像四海皆知，而刘奎龄一生清寂无闻，他们之间的这种差异，显然并非是他们艺术水平的高下造成的。然而，在近代中国画坛上，这种现象并非个例，美术史论工作者如何通过这种种现象，透析问题的复杂性，揭示被时间所掩盖的历史真相，是值得深思的一个难题。

刘氏艺术　源远流长

　　刘奎龄的绘画无家学渊源，无师脉传承，从 20 世纪初到中华人民共和国成立，跨越了近半个世纪，他经历了漫长而艰辛的艺术探索，不知不觉，艺术创作的巅峰期已过，随着身体及视力的健康状况逐渐下降，刘奎龄已无法再常年伏案进行大型作品的创作，只能时不时拿出自己曾经绘制的画稿，进行

《花团锦簇》手稿　　　　　　《花团锦簇》

修改整理工作,回望那些自己曾经殚精竭虑完成的作品,沉浸在对过往的思考与对未来的展望之中。刘奎龄开始把更多的时间投入到教授子女绘画的工作中去,自己无法完成的一些作品,他寄希望于下一代身上。中华人民共和国成立后,社会环境变了,刘奎龄的生活条件也有所改善,社会活动增多,但唯一的遗憾便是身体日衰,使得作品数量逐年减少,特别是大型动物和精品草虫更是极少涉笔。遇到重要的美术展览和大型活动,刘奎龄常常搜捡旧作,朝花夕拾。如两次参加全国美展的作品《上林春色》(1937年)和《孔雀》(1935年)。

20世纪50年代,刘奎龄还为美术出版社创作了《游龟山》《水浒传》等连环画作品,这些作品是根据以前的稿本加工绘制而成的,但是与以往的才子佳人图绘故事画不同,这种新连环画没有旧连环画的陈旧感,情节达意、人物传神、线绘精湛、构图角度不落俗套,反映了刘奎龄晚年严肃认真的创作态度和致老不衰的艺术热情。

刘奎龄晚年力求保持其画风的固有本色,即使一些简练的作品也从不草草而终。在政府和文化界领导的关怀下,他大半生的作品能以办个展和出版的方式加以全方位展示,或参加国际艺术交流,获得良好的声誉。他在艺坛中默默耕耘、孜孜以求,终得把自己独特的艺术成果奉献在越来越多的大众面前,并为他身后获得的历史地位打下坚实的基础。

20世纪60年代,刘奎龄将步入耄耋之年,精力体力都难以从心,只能画些简单的小画,平时还要抽出不少时间辅导女儿刘继敏学习。正在读高小的孙子刘新星也立志秉承家学,游心绘画,在爷爷的耳提面命中窥门寻径,重工严法,以其执着与聪慧益有长进。中华人民共和国成立前,刘奎龄很少与外人交流，他自己未曾正式拜师学艺，除了儿子刘继卣、女儿刘继敏之外，也未见有人执弟子礼问艺于刘门。如今，老先生希望将自己的画艺传授给更多的津门后生，凡有登门求教的，老人莫不倾心相与，以提携后进为乐。刘奎龄经常告诫学生，要循序渐进，切忌贸然速成。刘奎龄有许多绘画的理论心得，过去极少向外人提起，但在传授学生的过程中，全都知无不言地倾诉了出来。孙子刘新星记录整理了很多刘奎龄的画论，有不少精辟之见，值得珍视和研究。在津弟子中有：冯熙良、王振兴、李鸿起、李复兴、李安忠、胡志国、郭玉岭、王久君、王树山、陈甸玉等，此外还有河北省的段忻然。其中王振兴、李鸿起两位学生学艺颇精，很快便在画坛崭露头角，可惜这二人都英年早逝。孙子刘新星，因其父刘继锐的历史问题受了许多磨难，高

《游龟山》选页

中毕业后下乡务农十年,回津后分配到环卫清洁队扫马路。但刘新星一直没有放下手中的画笔,他继承家法并有新的突破,20 世纪 80 年代后,笔路渐宽,工写兼能,但正在精进成熟之际,却于 1997 年突然病故,年仅 51 岁,不禁令人扼腕叹息,若假以时日,刘新星必能成为继承刘奎龄艺术薪火之最旺者。

妙笔丹青写百兽

 刘奎龄作为土生土长的天津人，天津的地域文化滋养了刘奎龄的艺术。津沽文化对刘奎龄艺术的形成有着无法回避的影响，市民阶层的文化需求、雅俗共赏的审美情趣、中西绘画的相互交融，造就了这样一位开创性的绘画大师。刘奎龄是天津近现代画坛的一面旗帜，而他的动物画又是刘氏艺术的一面旗帜。

花鸟画：彩凤墨韵开新风

 从1931年至1938年这二十多年的时间里，刘奎龄的花鸟画经历了仿古、借鉴、成熟的过程。

 中国画的学习大都有一个临习古人的过程，这在六朝时期的谢赫提出的"六法论"中就有体现，即所谓"传移模写"。刘奎龄在成为职业画家之后，由于没有什么名气，画作销路并不理想，为解决生计，便开始模仿当时市场上盛行的一些绘画风格与样式。20世纪初期的天津，是一个开埠的大城市，海上画派、岭南画派的画作以及各种新奇的西洋绘画都是天津这个商贸之地的有闲阶层喜爱的形式。刘奎龄采用的是一种借鉴西方水彩画、融合中国没骨画的嫁接方式进行绘画创作。因为没骨画法与水彩画法有许多相近相通之处，而刘奎龄在成为职业画家之前，曾接受过日本教师的新式水彩画训练，为他独创自身绘画风格打下了良好的基础。

1921 年，刘奎龄创作了《桃花牡丹》立轴，画中的折枝花卉均采用没骨画法。此画构图清新明丽，用色淡雅清脱，粉色、白色、黄色三枝牡丹艳而不俗，花瓣层次分明，繁而不乱，于明艳雍容之中透露出一种朴实与亲切，可以说刘奎龄绘画艺术的整体风格已初露端倪。此后 1923 年所作的《桐荫秋声》《篱落秋风》等作品，也呈现了这种没骨画的技法与风格。

刘奎龄的艺术之所以能形成如此独特的面貌，与他广学中西是分不开的，在引入西画的种种技法之外，他还师法传统中国绘画，在许多作品中，刘奎龄都题款向中国传统绘画大师

《八国联军登陆图》(右侧高坡为炮台土垒)1906 年

素描八国联军骑兵　　　　　水粉八国联军士兵

们学习与临仿。如《落花舞鸣禽》题"辛酉清明前,抚白云外史笔"(1921年);《桐荫消夏》题"庚辰伏日,本林椿勾勒法"(1928年);《熙熙攘攘》题"丙寅新正,本张和庵先生便面人物"(1930年);《秋实图》题"癸酉重阳后,画师吕指挥"(1933年);《恩爱长久》题"乙亥冬,师南田翁意"(1935年);《云飞月暗》题"戊寅伏日,略师沈南铨意"(1938年);《柳塘浴骏》题"戊寅夏月,师赵鸥波远意"(1938年);《喜鹊登梅》题"岁次戊寅春日,本南沙相国赋色"(1938年);《玉兔桂花》题"己卯重阳,本易元吉画意"(1939年);《庾岭先春》题"岁次庚辰寒月,师宋人(赵佶)画意"(1940年);《松鼠》题"略师王小梅画意,作于折桂轩"(年代不详)。

从刘奎龄题临习师法的古人中,我们可以发现,这些学习古人的作品分布在刘奎龄艺术生涯的各个阶段,并且每个阶段的学习取向也不尽相同。早期作品大多是学习技法，如赋色、勾勒法等，后来逐渐向古人学习画面的意境、体裁，有些作品名意上是仿古、摹古，然而却是以刘奎龄自己所掌握的独特技法去表现前人曾经绘制过的一些内容，名为仿古，实为创新。除以上提到的那些古人外，他在款识中所称临仿过的古人还有边文进、黄筌、华嵒、郎世宁等。

除了题有临仿古人的款识外，刘奎龄还有一些没有明确款识的作品，但却从画面上可以看出明显的借鉴因素，如《红叶小鸟》仿宋光宝(1942年)；《福自天来》仿钱慧安等。刘奎龄早年还临摹过一些山水画，有《仿文征明山水》《仿王翚断盒松云》等。此外，刘奎龄还明确提出自己对日本著名画家竹内栖凤十分佩服，并在20世纪40年代让前往日本留学的长子刘继锐带着自己的作品去拜见竹内栖凤，以表示自己的仰慕之情。

然而刘奎龄对传统绘画的形神观念也有自己的看法，他认为，古人讲"形似"与今人所要求的"形似"有很大不同，要想达到今人要求的形似，必须具备丰富的生物学知识，绝不能犯解剖结构方面的错误。古代画论虽然精辟，但也有误导的地方，如所谓"作画形易而神难"。须看画家对"形"是何种要求，"形"的逼真并不意味着一定失神，如今人们什么动物都可以见到，若画得不像，就很难打动人。齐白石有齐白石的道理，刘奎龄有刘奎龄的道理，愿将古人不足弥补上，将"毛病"扳过来。刘奎龄画的鸟兽虫鱼等各种动物，不但关注形神，而且关注能表现动物的各个细节。所以他学习古人重在参悟得法，撷取众长，从不一味模拟临仿。徐悲鸿在《中国画改良论》中说："古法之佳者守之，垂绝者继之，不佳者改之，未足者增之，西方画之可采入者融之。"（载于《艺术探索》，1999年第2期）刘奎龄正是从"不佳者改之，未足者增之"两个方面为出发点，从中可以看出他对待文化遗产方面的态度与徐悲鸿观点的一致性。

虽然刘奎龄纵学古今，广泛学习中西各家各派的绘画，但是始终没有放弃自己在对周围环境观察时所捕捉到的美好瞬间中体悟到的现实之美。这种朴素的美既来自刘奎龄所生所长的那个津郊土城村，又来自他内心对自身周边环境由衷的爱。他深情地爱着生他养他的这一方水土，也从中发现了土城村远离繁华都市的那种清新明丽。

河边的柳树，池中的水禽，荡中的芦，农家庭院中漫步的猫、狗、鸡、鸭、鹅和那些农闲时节懒洋洋地在柳荫下、篱笆外逡巡的牲口，都被他通过无尽的联想，巧妙地安排入画中，并且给人以一种田园诗般的美。他的画风十分朴素，没有中国古典院体工笔画那种奢华与艳丽，也没有传统工匠们所绘作品中的那种"行气"和商品气息。这对于一个以卖画为生的画家来说是非常可贵的。勿庸置疑，刘奎龄作品中包含着高难度的技术，但是，任何一个欣赏者都会在他的画中体会到一种亲切感。这种平易近人的气息，又往往使人忽视他作品中的技巧，而更多地发觉他画中那种丰富而又单纯的自然流露。这是一种理想化了的真实，而那些飞禽走兽的形象却确实真切地显现在我们的面前。

1929年所作的《西畴意趣》显示了刘奎龄对农村田园风情的钟爱。画中两只鹌鹑正漫步于田野间，其中一只正要啄食将要逃窜的甲虫，另外一只似乎发现了远处的食物，正轻声呼唤着同伴。画面中的背景没有像中国传统的花鸟画那样画成宫廷之中的奇花异卉，也没有文人笔下的佳木幽草，而安排成两株结着硕大苞米的玉米秸。前景处还从右向左伸进画面一枝豆花，那种生机盎然的田园景象一下子扑进观赏者的眼中，给人以无限的遐想。画中展现的既有刘奎龄所熟悉的客观世界，又有刘奎龄内心所向往的那种平淡、朴素、富饶、安逸的丰收景象。画中所题："秋来暑往换新流，郭外田家事倍忙。最是西畴饶逸趣，玉蜀篍鲜夏花香。"歌颂了劳动者质朴的欢乐和对美好生活的向往。

随着技法的日益成熟，刘奎龄所表现的内容也愈来愈多。从1920年至1939年，花鸟画的创作题材不断扩大，总计有一百三十余种：黄雀、腊嘴、麻雀、雉鸡、锦鸡、绿鹦鹉、黄鹂、鸽子、鸬鹚、绿义鸭、白鹦鹉、绶带鸟、啄木鸟、白头翁、鸳鸯、鸡、鸭、鹅、火鸡、鹌鹑、海鸥、大雁、芦雁、秃鹫、虎皮鹦鹉、燕子、翠鸟、孔雀、凤凰……

1923年，留美归国的严仁曾结婚时，刘奎龄为其精心绘制了一幅《雉鸡》以示庆贺。严仁曾夫妇十分珍爱这幅作品，可惜在"七七事变"时遗失了。据严仁曾回忆，刘奎龄的作品是"中西结合，别具一格……善绘工笔画，凡举楼台殿阁、花卉鱼虫、走兽人物，无不精擅。绘画虽慢，但极精致。对于每一片叶、每一朵花，

重庆道严氏居宅（已于近年翻盖）

都要画上几道颜色,形象准确,神态生动,布局不俗,没有匠气……"

刘奎龄作为一位职业画家,他的画绝大多数都是应人之托而创作的,因而主题也大多数是表现祝寿、贺喜、家庭和睦、吉祥如意等美好愿望。20世纪20至30年代,刘奎龄这类花鸟画作品有:《富贵寿考》(1923年)、《三寿图》(1927年)、《益寿延年》(1927年)、《双栖白头》(1928年)、《鸳鸯比翼》(1928年)、《吉祥富贵)》(1928年)、《上林春晓》(1929年)、《多福多寿》(1929年)、《喜鹊探春》(1929年)、《卓然不群)》(1930年)、《雌雄鸡教五子》(1932年)、《五伦图》(1935年)、《富贵吉祥》(1935年)、《恩爱长久》(1935年)、《教子虚心》(1936年)、《鹤舞松前》(1937年)、《喜鹊登梅》(1938年)、《上林春色》(1938年)、《双鸡牡丹》(1938年)、《百年好合》(1938年)、《榴红百子图》(1938年)、《共沐春光》(1938年)、《交交桑扈》(1938年)、《五瑞图》(1939年)、《孔雀》(1939年)。

孔雀是刘奎龄花鸟画作品中极具代表性的形象,可以充分地体现刘奎龄绘画工细写实的风格。1935年作的《五伦图》描绘了凤凰、孔雀、仙鹤、鸳鸯、黄鹂、燕子这些象征夫妻忠贞不渝、白头偕老的飞禽。刘奎龄把这些具有不同生活习性的飞禽安排在同一个背景之中,凤凰、孔雀栖身于一棵梧桐横伸的主干之上,两只黄鹂立在梧桐枝头,与空中飞舞的两只燕子交相呼应;近景处的两只丹顶鹤静立于水塘之中,周围芳草萋萋;沿着池塘逶迤的岸边向后望去,一对鸳鸯悠闲地浮于水面之上,相依相偎。画中凤凰与孔雀的描绘十分精彩,它们身上五彩斑斓的羽毛光艳夺目,尤其孔雀的尾羽上那些婆娑抖动的细羽,被画家精心地绘出,笔笔精到,繁而不乱,有条不紊,色

画家刘奎龄

彩随着羽毛结构的起伏，明暗浓淡，变化丰富，虽然与同样绚丽的凤凰先后重叠，但层次分明，不曾显出一丝一毫的混乱。

作于1938年的《上林春色图》更是刘奎龄花鸟画的代表性作品。这幅作品是刘奎龄为了庆贺外甥严六符的新婚特意精绘的，从1934年开始创稿制作，一直到1938年初夏完成，断断续续用了5年时间。在这期间，刘奎龄由土城搬至天津城西北角的严家老宅，每晚作画时由严仁曾、严六符兄弟及二人妻子侍奉左右，彼此建立了深厚的感情。《上林春色图》所画的雌雄孔雀，立于奇石之上，周围牡丹盛开，一眼望去，一派富丽祥和。两只孔雀相依相伴，寓意新婚夫妇的恩爱生活。对这幅画中孔雀的描绘，刘奎龄达到了前无古人的程度。孔雀身上的每一片羽毛都以极为写实的手法绘出，将各个细节按物象的结构和形式上的要求加以整合，可谓丝丝入扣。前面的雌孔雀用色以灰白二色为主，朴素淡雅，丝毫没有浮艳之气，与后面雄孔雀的华丽色彩形成鲜明的对比，在浓丽之中以灰色协调画面，显示了画家自身高雅的品位，全然不带有一般职业画家那种世俗气。这既是刘奎龄个人修养的一种自然流露，也是画家一生默默耕耘于画坛，不求名利、不事张扬的个性的必然成就。

1935 年 5 月完成的《孔雀》也同样达到了上述水平，曾在 1960 年入选全国美展，并在 1962 年的《美术》杂志上发表。

人物画：形神兼备气韵生

从 1920 至 1930 年的 10 年间，刘奎龄的主要精力是创作花鸟画，人物画的创作只是偶尔为之，并且常常不是独立的人物画，而是把人物安排在一个特定的场景之中，创作成历史画、故事画、

《孔雀图》

风俗故事画等。根据古诗诗意创作的绘画作品称之为诗意画，刘奎龄的大多数人物画作品就是根据唐宋诗词的意境创作的。如 1923 年创作的《梅窗弈趣》《竹园问禅》《秋夜寻梦》《富贵寿考》四条屏人物组画。画中的人物用笔带有黄慎的笔意，主要以线塑造形象，衣纹用线较密，动态结构具有西洋画的解剖因素，人物色彩浅淡，以呈现晕染法来体现出人物面部及衣纹的明暗。画中的景物比例与人物比例准确，透视关系也采用了西方绘画中的成角透视和中心透视的原则，有近大远小的

收缩效果。质感表现因物而异,画风严谨。

刘奎龄的这组唐人诗意图,虽然是画古代人物,但从环境的布陈来看,显然是刘奎龄主观臆想的环境,并非诗中原意。尤其是《秋夜寻梦》中的窗户,显然不是古代所有,而是近代普通人家日常生活中常见的向外推开的玻璃窗的造型,这虽说是画家在创作时的一点疏忽,但可反映出刘奎龄在绘画创作时的淳朴。他理解的唐人诗意似乎就是他土生土长的土城村里发生过的以及入情入理的人和事,那些斑驳的砖墙、半掩的柴扉也全是他熟悉的津城近郊的农村景物。除了上述四幅作品外,刘奎龄的诗意画还有《松下问童子》(1924 年)、《杜牧诗意图》(1928 年)、《牧羊图》(1928 年)等。在他的人物画中也有一些风俗画,如《富贵寿考》(1924 年)、《猴戏图》(1924 年)、《熙熙攘攘》(1926 年)、《沙洲欲行》(1929 年)、《春江浴骏》(1932 年)、《太平乐业》(1934 年)《柳塘浴骏》(1938 年)等。这些风俗画中除了人物以外,还常常画有一些走兽,如猴子、骆驼、马、羊、犬、鸡、鸭、驴、猫等,主题主要是表现人们的日常生活。总体上看刘奎龄的人物画是用中国画的线为造型手段,借鉴了西方绘画中的一些造型因素进行形象刻画,求得一种逼真肖似、生动形象的效果。而在这些作品中添加一些常见的家畜、家禽的形象,无疑能引起观画购画者的兴趣。在那个年代,中产阶层的人们为了附庸风雅,每逢夏季,皆以手持一书一画之扇为荣,甚至有人收藏多种折扇,轮流使用。刘奎龄所画的这一类风俗画大多是扇面,这或许是当时那种浮华时尚的另一种映射吧。

1926 年所作的《熙熙攘攘》是刘奎龄人物画中人物数量最多、形象最复杂,同时也是题字最多的作品。从这幅独步一时的作品中我们不难看出,刘奎龄在处理这种复杂的的画面时胸有全局的驾驭能力。这幅画反映那些为了名利而争先恐后地往"钱眼儿"里钻的人们，那些挖空心思妄图通过倒卖古董文物牟取暴利的人们，那些为生计日夜奔忙、处在社会底层的人们。刘奎龄当年绘制的这幅时事漫画，锋芒毕露，惟妙惟肖地抨击了时弊。

刘奎龄传世的书法作品极少，但从这幅作品中的大量题记文字来看，刘奎龄的书法功力也相当出众。

刘奎龄的作品绝大多数都是工整严谨的，惟有1929年所作的《沙洲欲行》笔墨粗简，画面上用线用色十分草率，似乎不能算作一张中国画作品，而倒可以说是一幅用中国画材料作成的速写作品。画中骑在骆驼上的两个姑娘，形象一望便知是蒙古族人，尤其眼睛画得准确到位，服饰一看便知是塞外游牧民族的装扮，牵骆驼的人腰中佩着火廉、短笛等物品。骆驼虽画得很简率，但肥大的脚掌、两个耸立的驼峰和长长的鬃毛，准确地抓住了骆驼的形象特征。

1934年作的《太平乐业》扇面既可以看作是一幅风俗人物画，也可以看作是一幅风景画。画中画了一户农家院落，院落中古木成荫，树荫下几个汉子正在饮茶聊天。此户人家的主妇正从屋中走出，怀中抱着婴儿，另一个年龄稍大的孩子正拉着母亲的手闹着去听大人们在讲什么。院子里鸡犬之声相闻，一匹马正在吃草料，旁边的两头毛驴和它们的孩子正在悠闲地休息。虽然几间瓦房相当简陋，但这家人的生活还算宽裕。院落外，临街有一湾小河，河岸边有几棵茂盛的柳树，小桥上的渔翁正在返家，远处的渔家也开始收网捕鱼。农田阡陌纵横，田中还有人浇水劳作，为一个好收成忙碌着。在屋后的山丘之间，一条蜿蜒的山路上，一位打柴归来的农夫正赶着它的羊群回家。全画一派农村田园风光,笼罩在一种清新明快的绿色调之中,给人几许平静,安逸的感觉。画中的山势平缓,视野开阔,从俯视的角度观照着一个桃源仙境般的景象。在小小的扇面之中能很好地安排如此多的景物、人物,再次显示了刘奎龄高超的艺术造诣。这是刘奎龄内心所期望的一种生活,但是在当时的情况,这种平淡安逸的生活也是很难实现的一种奢望。1935 年前后的中国正处在军阀混战、外敌入侵的危难之际,广大百姓生活在水深火热之中。刘奎龄此时创作这幅作品是作为一个画家以对现实的批判精神,给予那些在苦难之中挣扎的人们一点心灵上的慰藉,而这些需要慰藉的人之中也包括画家本人。

《塞上秋风》

另外刘奎龄还创作过历史故事画《中原逐鹿》《秋猎图》等。

尝试在人物画中添加一些动物形象之后,随着这种尝试在技法上与造型上的成熟,刘奎龄开始了他绘画生涯中的又一次革新。从 20 世纪 20 年代后期开始,刘奎龄不断尝试着独立的走兽画的创作,他的绘画艺术又多了一个新的门类。

走兽画:生龙活虎啸空山

刘奎龄的走兽画大致可分为两种:一种是采用没骨勾勒法绘制的,一种是采用丝毛法绘制的。没骨勾勒法是刘奎龄20世纪30年代采用的主要方法,这是由于直接借鉴了他在花鸟画创作中的技法。

20世纪30年代刘奎龄画走兽画对他自己是一种题材上的突破。1927年所作的《凭谁问》一画是用没骨法画走兽的代表性作品。画中的马是用没骨法画出各部位的开关,在处理马身上的皮毛花纹斑点时,刘奎龄采用撞水法制造出马身上的斑纹,花纹的显现是一种偶然的效果,十分接近真实的动物身上那种自然斑点。这匹马并不注重表现马身上皮毛的质感,而更注重马的解剖结构、体积感和明暗变化。这和刘奎龄二三十年代的花鸟画技法有着必然的关系,明显具有传统没骨画的影响和西洋水彩画的影子。虽然画中题款为:"丁卯桂秋以没骨法师郎士宁画意……"但从画面上看,刘奎龄的画与郎士宁的画有着全然不同的风格,似乎可以认为刘奎龄师郎士宁画意可能只是略微借用了郎士宁的构图,或者只是拿郎士宁的名字打了个幌子罢了。

以没骨法的方式在画像驴、马、羊、猪、鹿等短皮毛的动物时还比较得心应手,但表现那些有着漂亮皮毛的动物时就会显得有些不那么自然了,画完之后常常会有一种边缘与边缘生硬相接的感觉,因此刘奎龄在以没骨法作画的同时也开始进行用丝毛法表现那些生长着较长毛发的动物,如狐狸、猿猴、兔子、松鼠、虎、狗、猫等。

1930 年创作的《柳塘清趣》中的猫和《松间亲情》中的猴都是有着较长皮毛的动物,刘奎龄在作画时没有采取没骨法,而是先用线勾画出猴子的五官和手、脚,猫的眼睛、耳朵,然后晕染身体的颜色和明暗,等颜色干后再用细笔丝毛法画出皮毛,这样就能够表现那些长毛的动物形象了。可是由于这种丝毛的方法过于生硬,丝出的毛与动物皮毛本身颜色的衔接往往不能达到令人满意的效果。在经过一段时间的反复探索后,刘奎龄独创了一种新的丝毛画法——湿笔劈笔丝毛法,简称湿丝法。湿丝法就是在画走兽的皮毛时,先用水把纸打湿,当纸处于一种半干不干的状态时,将笔锋披散开后再丝毛,最后上色晕染,这样绘成的作品,丝毛的时候由于水分的不同,就会造成皮毛那种茸茸的质感。加上颜色的渲染与烘托,便可以表现出各种走兽动物身上那种光亮柔软的毛色了。

刘奎龄有许多早期作品都是在绢本上完成的,但绢的纹理不适合湿丝法表现皮毛的质感。刘奎龄湿丝法的探索便是从尝试在纸本上作画开始,从 20 世纪 30 年代晚期,刘奎龄的纸本作品多了起来,而他笔下走兽的形象也日渐逼真,皮毛的表现也越来越惟妙惟肖了。

将 1939 年春创作的《枫猴长寿》与同年初夏创作的《觅果双猴》做一个比较,就可以明显地看出刘奎龄的动物画表现技法发生了很大的变化。首先是质地的变化,《枫猴长寿》是绢本,《觅果双猴》是纸本;在技法上前者为细笔丝毛,后者则变为湿丝法;体现在画面上,后者的效果远远胜过前者。稍晚一些的《六合同春》中的梅花鹿继续巩固了这种湿丝的技法。而再以后作于 1939 年的组画《双鹿探花》四条屏,标志着刘奎龄走兽画技法已经完全成熟。

在经过"由量变到质变"的必然之后，55岁以后刘奎龄的绘画生涯进入了一个新的创作高峰。

这个时期，首先是刘奎龄的绘画技法达到炉火纯青的地步，实现了没骨勾勒与丝毛的结合，造型方式固定下来，形成了他独特的艺术技法与绘画面貌，这种画风是改革中国画的一种有益尝试，虽然在当时被一些人讥讽、嘲笑但刘奎龄仍自选其道，勇敢创新，通过长期的实践，刘奎龄已经在继承传统与借鉴外法的基础上自成一派，独领动物画的风骚了。这是在技法上刘奎龄达到的层次。在营造画面的艺术趣味、提高艺术品位、精神内涵上，刘奎龄同样取得了极大的成就。他的画以平易自然、真实空灵的画风博得了众多人的喜爱。此时，刘奎龄的绘画作品主要就是走兽动物画，也有一部分花鸟画。

刘奎龄笔下的猫、狗、猴、兔这些性情温顺的小动物是他动物画中的主角，他曾经画了大量以小动物为题材的动物画作品。画中的猫、狗徘徊嬉闹于村间小路、农家院落、篱笆墙下、池塘岸边、柳阴花丛。作品充满了刘奎龄对平凡生活的各种美好联想，使人看后仿佛有一曲田园牧歌回荡在耳边，这也是他有意无意间对童年生活的记忆。

刘奎龄于1942年所作的《猫趣》，画了两只花猫在荷塘边的怪石上，伺机扑捕一只轻盈飞舞的蜻蜓的场面。画中和风阵阵、杨柳青青，一朵盛开的白荷在随风摇曳的荷叶的映衬下，亭亭玉立、婀娜多姿。两只小猫一只黑白相间，一只黄白相间，充满顽皮与好奇的眼神，盯住飞舞的蜻蜓，踩着轻轻的"猫步"渐渐靠近蜻蜓想要停歇的荷尖。画家如果不是平日里注重观察生活，很难把握这么生动传神的形态，也很难营造出这样一种平淡怡人的境界。我们不得不叹服刘奎龄这种把握画面气氛的高超控制力。他的作品往往就是在这种平凡无奇的生活瞬间给人以无限的美好回忆。

猫和狗在刘奎龄动物画中出现次数最多。刘奎龄笔下的狗有狼狗和巴狗、牧羊犬、沙皮狗等。1941 年所作的《双犬吠蕉》中画了两只德国"黑背"狼狗。两只狗的刻画只在局部用线勾勒,如眼睛、颜面及爪子,而其他部位周身上下几乎全部用丝毛的方法表现身体的结构、皮毛的质感和体积的穿插。特别值得注意的是刘奎龄在表现两只狼狗的体积感时,除了按照解剖结构的转承进行丝毛之外,还采用了一种类似于西方绘画中体面归纳的方式表现狼狗的体积。在处理狼狗与背景的关系时,刘奎龄在虚实的不经意变换之中,把两只狼狗融于以粗犷笔法勾皴出的山石背景之中。这种背景与主体景物关系的表现手法代表了刘奎龄绘画的一种风格。刘奎龄的画给人最突出的感受就是立体感,但他所创造的立体感仍然是中国画的面貌。他有意识地弱化线在画中的造型作用,只在几个关键部位用线条加以勾画,但与传统中国画的用线方式不同,刘奎龄画中的线更像西方绘画中素描的轮廓线,在"中学为体,西学为用"或"西学为体,中学为用"的交融变换中,线条虚、实、连、断,构成了一幅幅精彩的艺术精品。

虽然刘奎龄不曾有过"行万里路"的阅历,生活视野也谈不上宽广,但他通过各种渠道了解动物的生活习性,往往可把动物放置于一个虽不真实但很恰当的环境之中。刘奎龄常常能够举一反三,在创作中用自己的想象把各种动物表现得生机盎然、栩栩如生。在他所画的各种动物中,有许多是根据照片的形象来创作的。可如果拿照片与画中的动物来比较,又会发现，他画的各种动物与照片上的动物在形态上有许多不同之处，但给人更加逼真、形象的感觉。

刘奎龄画的大量走兽中，狮子、老虎、豹子的创作尤为精彩。其中尤以1945年所作的《栗深林兮惊层颠》中的狮子最具代表，画中一只雄狮在一片荒蛮的山野之间，伺机而动。狮子的表现同样是以线条描绘面部及爪子，雄狮的鬃毛用笔锋托扫带出，背部的皮毛用笔皴擦表现。他选择了一个透视很大的正面角度，使雄狮的头部正视画面之外，给人一股强烈的视觉张力。后来创作的《狮》和《狮吼》也显示了刘奎龄移情造景的非凡能力。在这几幅作品中，刘奎龄并没有采用全景式的构图，而是截取了山势的一角，用山势间的虚实和色彩的冷暖变化，营造了一种空旷荒蛮、寂野空灵的气氛。在《狮吼》中，前景的处理并没有深入刻画山石的体面、质感，而是用一丛随风曳动的茅草地把观众的视线拉近。两只狮子的表现十分逼真，笔墨精简准确，寥寥数笔，结合着大刀阔斧的几处留白与丝毛的处理，体现着画家"尽精微，致广大"的思维方式。

刘奎龄画虎，往往把虎安排在一个松柏苍翠、溪水淙淙优美环境之中。画中的虎或卧或行，总是体现着山中之王的悠闲与安逸。刘奎龄笔下的虎并没有太多的虎威，而总是给人一种亲切之感。20世纪40年代所作的《虎》立轴是刘奎龄画虎的杰作。画中的老虎卧于山石之上，下有泉水潺潺流过，后有古松环绕，老虎被构置于画面的中部，黄黑相间的斑纹依照老虎形态的起伏或纵或横，表现出准确的内部结构与空间透视感。刘奎龄在表现老虎的逼真感时采用了一种以虚写实的方法，在视觉效果上给人以非常细致的感觉，但在具体表现上处理得十分简练放松，完全没有描摹之感。这种从整体着眼，把握大关系的处理方法，贯穿着刘奎龄整个艺术创作的始终，除了狮子、老虎之外，最能体现这种整体意识的作品便是豹子。刘奎龄《峻岭回声》中的两只豹子身上的斑纹十分逼真，清晰分明，宛如活豹自然天成的皮毛，但却是画家精心处理、取舍提炼后巧妙安排组织成的一个整体。一前一后两只豹子的处理并不平均对待，无论从色彩还是斑纹的疏密上都加以区别，拉开了画面主体的空间层次，山石的处理十分简淡，以简练的线勾勒出体面，略施皴擦，用石青

《王者归来》

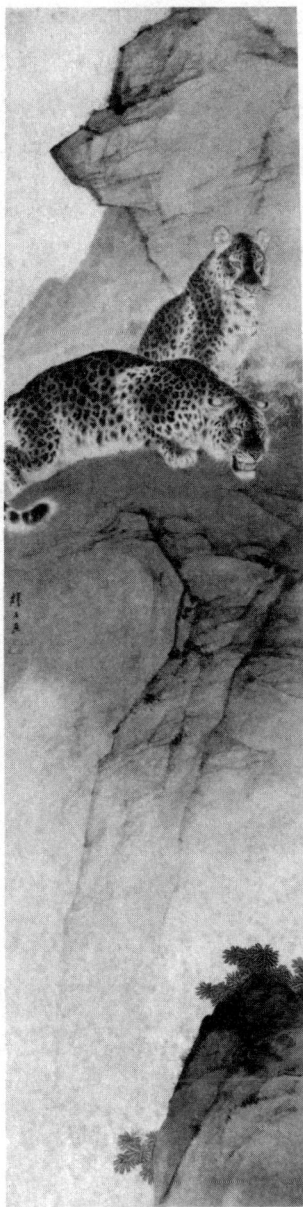

与赭石大笔染色，采用的是北宗山水的赋色方法，水头很大，山根处色彩变淡，显示出山的高峻挺拔，同时也突出了豹的勇猛刚毅。

马、牛等日常生活中的牲畜也是刘奎龄经常表现的主题。正如韩非子所讲"画鬼魅易，画犬马难"，要想画好这些抬头不见低头见的牲畜，观察与写生是必不可少的前提条件。

刘奎龄 20 世纪 40 年代的一帧册页《马》及 1942 年画的《双马》是其画马简与繁的代表。《双马》图中的两匹马被遮住大

《峻岭回声》

半个身子，只露出头颈和前蹄，颜色一匹黑白相间，一匹黄白相间。有趣的是两匹马的组合十分特别，画家选取了一个很难表现的角度，但却抓住了马的最主要特征与最典型的动作。在背景的处理上，画家不厌其烦地表现柳树细小的树叶与桃花花枝，繁复的细节与前景的动物身上那些大面积的色块形成明显对比，造成强烈的视觉冲突，增强了画面的视觉元素，使笔墨形态在简与繁的对比中丰富起来。画面主体作者采用的是具象写实的手法，而背景的处理则采用的是中国传统小写意的意象式表现，两者的结合在画家巧妙的边缘线处理上，协调统一，不着痕迹。这种背景的处理同样被运用在多幅作品之中，如 1941 年创作的《清溪春饮》《春江水甜》等。但另外一帧册页中的马，却与此幅《双马》截然相反。册页同样选取了骏马低头吃草的典型动态，但全画背景只用花青染出一片草色，不画一草一叶，而把全部精力集中在马的描绘上。黑白相间的皮毛之下，马的各部位肌肉、骨骼起承转合，有条不紊。白色的马尾用淡赭染出暗部，其余以背景的草色衬出，于具象之中显出几许空灵飘逸。

刘奎龄的绘画艺术，是深深地植根于民族传统文化的土壤里的，为了创作出独特的艺术作品，他充分发挥自己的才智，以锲而不舍、顽强不懈的进取精神，在中国工笔画的领域中独辟蹊径，创造出了"如将不尽、与古为新"的清明秀丽的新意境。他的动物画如一股涓涓细流，融入了民族艺术的怀抱之中。

爱宠小猫犬

　　猫和犬是刘奎龄动物画中出现次数最多的题材。刘奎龄画过的犬类品种有狼狗、巴狗、牧羊犬、沙皮狗等。如1941年创作的《双犬吠蕉》中画的两只德国"黑背"狼狗，只在眼睛、脸部、爪子等局部用线勾勒，周身其余毛发全用"丝毛法"描绘，两只狼狗的解剖结构准确，皮毛质感真实强烈，明暗体积严整有序。后面蹲坐的狼狗的表现手法可以让人感受到明显的油画技法，色彩相互叠压，笔触轻轻扫动，颜色的使用也借鉴了西方绘画中冷暖色对比的方式，将两只狼狗从背景之中烘托

《闲情》

出来。更为精彩的是外形轮廓的处理,刘奎龄将两只狼狗的外轮边缘处理得虚实相间,用远景粗笔大写意画出的山石与狼狗的毛发相互挤压,既将狼狗向前托出,又创造出一个虚拟的空间,这个空间便是狼狗与背景的山石之间的距离。

在 1944 年完成的另一幅以兔为主题的作品《东走西顾》中,同样也采用了这样冷暖色调对比的表现方式。画中的两只白兔不以传统的线描方式进行表现,而是仅在头面、耳朵和腿等部位以及体面转折处用显略作提示,白兔身上的立体感与空间感的表现,完全靠形体的推移关系及丝毛的方向来完成。画面中的两只白兔主要用留白的方法,在形体的转折处用灰蓝色与黄褐色两种色彩的冷暖对比衬托出来。刘奎龄的画与传统文人画的最大区别是逼真的形象和立体感,但他创造立体感的方式,与清初自西方来华的宫廷画家郎世宁创造的那种采用大面积明暗对比展现的立体感有着本质的不同。刘奎龄的作品始终透露着中华文化的气质,所以刘奎龄的作品永远是中国画。刘奎龄画中的线条运用较少,他虽然有意识地弱化线在画中的造形作用,但画中主体物象的关键部位依然用中国传统白描线条的手段来创作,而且这些线除去具备传统中国画"以线造形"的功能外,还承担了表现形体解剖结构、空间关系、体块转折的作用,从这一点上可以看出刘奎龄对传统中国画的改良,是吸收了西方绘画的有益因素的。刘奎龄的线在虚实连断的变化过程中,把表现物象的各种因素统一起来,构成了一幅幅精彩的艺术精品。

猛兽有雄风

刘奎龄画过的大型猛兽有狮子、老虎、野狼、豹子、黑熊、北极熊,还画过狐狸、猞猁等中型食肉动物。在现存的大量作品中,刘奎龄画的狮子、老虎、豹子最受人们的喜爱,凡是这样的作品也都是刘奎龄画作中的精品,被各大收藏单位和机构视为珍宝。作于 1940 年的《凛凛雄风》,作于 1945 年的《狮》《狮吼》《栗深林兮惊层巅》,作于 1946 年的《空谷生风》等,都是走兽画的精品。其中《栗深林兮惊层巅》中的雄狮最具代表性。画中一雄狮隐于草丛之间,伺机而动,周遭为蛮荒山野,一派空旷寂寥。狮子面向画面,与观画者四目对视,摄人心魄。狮子的头部及狮爪用简略的线条醒笔勾勒,鬃毛用大笔甚至是排笔轻扫,以湿画法绘出毛色及明暗,等颜色半干之际再用细笔勾线,将鬃毛的细节进行精准的表现。狮子背部的表现用湿画法一次绘成,不再进行勾线点染,与鬃毛处的表现手法形成强烈对比,近处精微远处简略,在画卷的平面上创造出一种纵深的空间感。

狮子这种生活在非洲大草原上的猛兽,在刘奎龄笔下,竟然被安排在一片空旷的山野之间,这似乎不太符合狮子的生活习性,也有悖于自然规律。但这种安排,并非是刘奎龄不了解狮子的生活环境,而是为了表现雄狮那种独立坚毅、冷峻的万兽之王的精神气息,特意制造的环境布景。这种移情造境的手法,在刘奎龄的许多作品中都有反映,说明刘奎龄创作时已经完全抛却了自然的限定,而是将画中的走兽与景物都看作是表现个人精神内涵的一种媒介,而并非是自然状态下的写实或再现。

同样作于 1945 年的《狮》《狮吼》也是采用了这种移情造境的表现手法。在这几幅作品中,刘奎龄并没有采用全景式的构图,而是截取了山势的一角,用山势间的虚实和色彩的冷暖营造空间氛围,画面充盈着寂静空灵的气息。《狮吼》的前景中,一丛随风摇曳的茅草把观众的视线拉近,两只狮子毛色层次逼真,但用笔依旧是简略得当,这主要是归功于刘奎龄独创的湿丝法,与西方水彩画的步骤相似,画家先将大面积的色彩关系与明暗效果均用水与色彩的融合展现出来,然后再细心斟酌,将最关键部位用细笔劲线精准勾勒,将狮子的

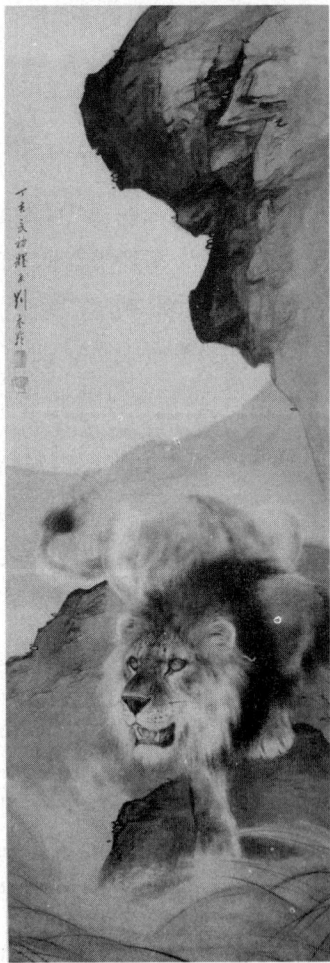

《巅岩雄风》

眼、鼻、耳、口等最能展现其特征的部位描绘出来，长长的鬃毛上用线一根一根地按照毛发的走向勾出，与身体上的短绒毛不着勾勒的色块相映衬，同时还用挤压的手法将部分白色毛发用留白的方式展现出来，一繁一简、一实一虚，画面节奏起伏得当，张弛有度。

同样，刘奎龄画中的老虎，往往被安排在苍松翠柏之间、淙淙溪水之畔。画中的老虎或卧或行，体现着百兽之王的雍容与闲适，老虎身上内敛的王者气势，让观画者毫无恐惧之情，反而有一种亲切之感。

目前可以看到的刘奎龄比较具有代表性的画虎作品有《虎威图》(1932年)、《云飞月暗》(1938年，扇面)、《空山虎啸》(1942年，扇面)、《空谷生风》(1945年)、《虎啸》(1946年)等。在一幅创作于20世纪40年代的立轴《虎》中，老虎卧在山石之上，下有泉水潺潺流过，后有古松环绕。老虎被构置于画面中部，黄黑相间的斑纹依照老虎的形体起伏，通过横向和纵向的方位示意，表现了准确的内部结构与空间透视。刘奎龄在表现老虎的逼真感时采用了一种以虚写实的方法，在视觉效果上以非常细致的感觉，但在具体表现上处理得十分简练放松，完全没有描摹之感。这种从整体着眼，把握大关系的处理方法，贯穿着刘奎龄整个艺术创作的始终。除了狮子、老虎之外，最能体现这种整体意识的作品便是豹子。刘奎龄的存世作品中，以豹子为主题的代表作有：《空谷豹闲》(1940年)、《峻岭回声》(1946年)、《回头豹》(1946年)等。《峻岭回声》可以作为豹类画的精品力作。画中两只豹子一只蹲坐，一只匍伏，在一块突兀而出的山石之上。豹子身上的斑纹十分复杂，刘奎龄在处理这些斑纹的时候，经过大胆取舍，精心提炼出最能反映豹子皮毛的斑纹进行细致刻画,最终完成的作品上,豹子身上的斑纹被巧妙安排组织在一起,既体现了斑纹色彩清晰分明的特点,又展现了皮毛柔软松动的质感,宛若天成。前后两只豹子的处理也不尽相同,无论从色彩还是豹纹的疏密都有明确的区别,前面的豹子背部的斑纹繁密,后面的豹子身上的斑纹简略,前后虚实相生,拉开了画面的层次。山石的处理十分简洁,仅以寥寥数笔勾勒轮廓,略施皴擦,然后便是大面积的石青、赭石相混合的渲染,这种北宗山水的表现方式,水头很大,山根处色彩变淡,显示出山峰的挺拔与高远,突出了豹子的勇猛刚毅。

天地为炉造化功

自 1950 年起至今六十多年中,对刘奎龄先生的绘画作品进行评价和记录的人层出不穷。如徐悲鸿、毛泽东、张映雪、孙其峰、林印、郎绍君、严仁曾、薛永年、秦征、何延喆、王振德、曾国和、刘新星、裴立、贾广健、崔锦、罗文华、刘静华、董鹏、邢捷、于英、齐珏、钱文、王玉慧、孙继荣、郭钧、郭泽濂、阮克敏、苏瑛、王树山、杨金新、梅英、蒋健飞、许芥昱、偶邑等三十余人分别从不同角度对刘奎龄先生的绘画艺术进行过评价和分析。

刘奎龄的绘画在 20 世纪中国绘画发展史上有着无人可以替代的地位,但在中华人民共和国成立前,刘氏的绘画虽然有着不错的市场销路, 但却不被那些自诩为文人的骚人墨客看重,被嘲讽为"外部嘎"。中华人民共和国成立后,刘奎龄的艺术逐渐被人们接受, 因为刘奎龄的创作主旨是歌颂自然生命、焕发物象的生机活力。他的作品与客观现实保持着密切的联系。他的艺术是通俗的,能让人们轻松愉快地感受,所以有广泛的读者;他的画又是高雅的,他对传统的意境美有着独特的体验,用中国画的工具材料,将西方绘画的写实精神挖掘得恰到好处。他的画既有工笔特色的精意结构,又有水墨小写意的笔墨韵趣,二者水乳交融,为丰富发展中国画的技法开拓新的表现领域做出了重要的贡献。

首先发现刘奎龄艺术魅力的是徐悲鸿。一代绘画宗师徐悲鸿,一生致力于中国画的改革创新,力主开辟中国绘画的写实主义道路,他的艺术主张和影响力,在很大程度上影响了传统水墨画的发展趋向。他曾提出"尽精微,致广大"的绘画理念。1950年秋,刘奎龄的作品入选赴苏联展的中国艺术品之列,当时的中国美术工作者协会主席徐悲鸿及全国文联展览委员会主任叶浅予都参与了这次活动的评选工作,徐悲鸿在送展的作品中见到了刘奎龄的作品《上林春色图》后,大为惊叹,称赞不已,后悔相识太晚,并不无疑惑地说:"我怎么连这么一位画家都不知道!"随后徐悲鸿为刘奎龄写了一封热情洋溢的信,在信中要求刘奎龄为他亲笔作一幅《孔雀图》。但1953年9月26日,一代宗师徐悲鸿在北京病逝。刘奎龄的《孔雀图》还未动笔,惺惺相惜的画坛知己却已撒手人寰,这不禁使他黯然神伤并留下终生的遗憾。

1958年8月10日,时任中央最高领导(毛泽东主席)视察天津时,在干部俱乐部接见了刘奎龄和刘继卣父子俩,并鼓励他们为人民多作贡献,在展阅他们的作品时称赞道:"博古通今,刘门出人才。"新闻电影制片厂还为刘奎龄拍摄了专题报道,使他受到了很大的精神鼓舞。在中华人民共和国绘画发展史上,受到国家领导人直接评价的画家凤毛麟角,而刘奎龄和儿子刘继卣共同受到最高领袖的称赞,更是绝无仅有。

1964年,天津市文化局局长张映雪指示天津艺术博物馆在征集馆藏书画时要留意刘奎龄的作品,并特别提到他的重要传世画迹《义和团抗洋兵》扇面，指出其在艺术上的代表性及题材内容的重要意义，并提示线索，要求艺术博物馆尽力征集入藏。当时接受这项任务的崔锦先生做了深入而细致的工作，终于说服了收藏者严六符先生，将他这件心爱的珍藏转让给艺术博物馆。最终使它成为馆藏的佳品，而免遭"文革"的劫难。"文革"结束后，张映雪还为《刘奎龄画集》的出版倾注了大量的心血，并为画集撰写了序言《继承传统刻意求新》，系统地对刘奎龄的艺术进行了分析研究，可以说这篇文章是20世纪80年代对刘奎龄最具代表性的评价。据张映雪讲："在绘画艺术上，刘奎龄先生有哪些主要特点呢？首先是他继承了宋、元以来工笔花鸟画的传统技法。同时又吸收了西画技法上一些有益因素，中西合璧，融为一体，创造出与众不同的岁月，别具一格。他的翎毛走兽在技法上形成了一个新的画派。他的作品不仅造型准确，精细逼真，而且富于神韵，充满生气，雅俗共赏。他的表现方法是多种用笔和奥妙赋色，这就形成了他绘画上的特点。"

20世纪90年代，曾任中国美术家协会副主席、天津美术家协会主席的秦征为《刘奎龄画集》(第二卷)作序，并明确地批评了社会上一些人对刘奎龄艺术的非议，同时盛赞刘奎龄艺术："奈何常人俗尚，门户之见纷纭，刘先生苦心孤诣，特立独行。所以他生前从艺半个世纪，径自寂寞求索，不甘于在别人的影子后面讨生活。没有鲜花铺路，没有掌声喝彩，脚步沉沉，在人生旅途中艰苦跋涉。惟其如此，心静若水，布衣芒鞋，才成就了一位淡泊超逸的艺术家。耄耋之年悄然离去时，给后人留下一行踽踽前行者的足迹，留下浩博多彩而醇和的美，也留下几许无言的思索……"

　　著名画家、艺术教育家孙其峰自 20 世纪 60 年代起就持续关注刘奎龄艺术，是最早发表文章介绍刘奎龄作品的专业人员。1962 年，孙先生在《河北美术》上发表了《画家刘奎龄的绘画特点》一文，文章从"准确的形似与生动的神气的统一""表现方法上的粗细对比、互济其短""集众长而独运""从效果出发的表现方法""严肃的创作态度"五个方面详尽的评价了刘奎龄的绘画艺术风格和特点，并明确指出"老画家的花鸟走兽画创立了一个新的画派"。近年来，孙其峰对刘奎龄的艺术曾做出过若干次评析，孙其峰对刘奎龄的评价是十分中肯的。在 2010 年由郎绍君和徐改编辑出版的《其峰画语》中，孙其峰认为刘奎龄在 20 世纪的画坛可以被归入"二流"画家的行列，当然这是有一个语言语境的表述，这些二流画家都有谁呢？孙其峰的原话是"听说有人要评选 20 世纪十大国画家，我看这个'十'不科学，排名次更不科学。这不是跑百米赛，可以凭数字判定金、银、铜牌，可以按等级拟出一流、二流名单，再慢慢讨论修改。我拟的名单是：一流的：吴昌硕齐白石黄宾虹徐悲鸿张大千傅抱石潘天寿李可染高剑父；二流的：吴湖帆陈师曾刘海粟溥心畬李苦禅郭味蕖陈半丁石鲁刘奎龄陆俨少蒋兆和何海霞王雪涛叶浅予"。这些"二流"画家，有哪个不是独开一面的大师呢？

　　今天，当我们面对刘奎龄先生以毕生心血创作的一幅幅精品力作时，同样可以深切感受到大师那早已逝去的身躯内涌动着伟大的人格灵魂、不朽的创造精神。

黄昏眷顾最斜阳

  1961 年,76 岁的刘奎龄健康状况并不太好。而作为天津政协文史馆的馆员,刘奎龄在建党 40 周年之际,又接到了文史馆委托,希望老人画一幅作品以致庆贺。在接到任务后,刘奎龄酝酿了很久,迟迟没有动笔。由于时间临近交稿时限,老伴和女儿刘继敏都担心老人不能按时完成,耽误了事,不时催促刘奎龄。一天,学生郭玉岭到刘奎龄处探望,正好赶上师母和刘继敏又在催刘奎龄抓紧时间作画。正在构思的刘奎龄开玩笑地对老伴说:"要不你来画?"然后铺好纸,不紧不慢地开始在一旁的纸上开始试笔,等笔试得差不多了,刘奎龄才胸有成竹地开始正式作画。

  中华人民共和国成立前,刘奎龄以卖画为生,生活艰辛。1949 年后,在中国共产党和中央人民政府的关怀下,刘奎龄当选为天津市美术家协会副主席,还参加了河北省天津市政协二届二次会议,加入天津市文史馆,成为首批会员。刘奎龄和天津的刘子久被当时人称为"津门二刘",刘奎龄、刘子久和萧心泉、陆辛农又被当时人称为"津门画界四老",似乎刘奎龄的绘画成就更高。

大量的社会活动消耗着他羸弱的身体，更占据了他创作的时间与精力。但每逢重大节日及庆典活动，刘奎龄只要接到任务，便精心准备，绝不推辞。这幅创作于 1961 年的《福寿图》，画中的蝙蝠和寿桃就寄托着老画家对党和国家深深的祝福与感恩之情。

从现存的作品来看，刘奎龄晚年的作品基本都是写意之作，如赠给段忻然的《葡萄》，画给李复兴的《雄鸡》和留给刘新星的《花卉册页》等。

除了将自己的毕生经验传授给上门求教的学生之外，刘奎龄晚年最愿意做的事情，便是与孙辈们嬉戏玩耍。孙女刘蔷记得自己小时候，每逢周末便会随父亲刘继卣回到天津土城的老宅，刘奎龄总是满怀慈爱地拉着刘蔷，手把手地教她画画。

刘蔷回忆，爷爷总是在礼佛之后，才开始静下心来执笔作画。刘奎龄先在绢上勾勒出柔、劲相应的线条，然后进行染色。进行着色的过程是按照由浅至深的程序进行。先用浅浅的色、墨轻轻地润笔设色，渲染数遍之后，画面才会显现出恰当的色彩和层次效果。

刘继卣曾告诉刘蔷，这种方法是中国画结合光感的色彩写生，是刘奎龄独创的技法，比起西洋的写实画法，更加需要画家的自身修养，展现的是画家的内在功力。色彩写生就是对物象色彩美感的暗记、默写。阳光下的大千世界，万物生机勃勃、争相吐艳，焕发出缤纷色彩，是画家与观众以及自然的无声对话。首项需要画家去感受自然，感受到才能记住，并且通过随机应变，加以组合应用，这样特别有益于创作。

刘奎龄还向刘蔷揭示了如何捕捉超脱现实的色彩情调的

真感觉。刘奎龄说:"你去海河边看一看,到马场道串一串,回土城转一转,在不同的天光下,在不同的时辰里,到自然中去体会感受光彩,把动人的色彩真挚地归还给自然。"土城这片平凡的乡土,对刘奎龄艺术的形成产生了无比重要的影响。

刘奎龄之孙刘新星对祖父的回忆也有不少关于绘画的情景。刘新星说,祖父讲一个画家要有"画眼",就是要善于利用室内外一切好像和画面无关的地方,看出所要画的东西来。室内不平的墙、烟囱上的锈斑,当你细心观察,都会看出不同的构图和形象。他曾说"你要是把我的砌墙粉刷得雪白,那我就别画画了。"

刘新星在刘奎龄身边生活时间最长,刘奎龄也对刘新星格外重视,常和刘新星交流一些关于绘画的经验。刘奎龄曾对刘新星讲,初学绘画是以形来分高低的,国画的形多不如西方绘画表现得准确。所以学习绘画应当由"入形"开始,先学素描、水彩和油画,而后可以从日本绘画中借鉴一些融汇东西方绘画的技法。刘奎龄经常和刘新星提及的一位日本画家便是竹内栖凤。竹内栖凤是刘奎龄最为欣赏的日本画家。刘奎龄说竹内栖凤不但画走兽也画翎毛,作人物及山水,在日本很有威望。"岭南派"高奇峰就是他的学生。据刘新星回忆,刘奎龄早年还借鉴过郎世宁画法,但刘奎龄对郎世宁的评价并不高,刘奎龄曾说,郎世宁画马形体基本上还准,可是当马一跑起来,透视就散了。

展卷犹闻故国风

　　20 世纪 80 年代之前出生的中国人，童年最重要的课外读物就是小人书，学名叫作连环画。而凡是看过小人书的中国人，几乎没有不知道《鸡毛信》《大闹天宫》《东坡先生》的，而这些家喻户晓的连环画的绘画作者就是天津出生的刘继卣。刘继卣便是刘奎龄的三子，是中国杰出的画家、连环画艺术大师，被誉为新中国连环画奠基人和"东方的米开朗基罗"。刘继卣的成功恰好印证了那句名言"因为我站在了巨人的肩膀上。"而为刘继卣提供肩膀的巨人便是他的父亲刘奎龄。

　　1918 年 10 月 3 日，刘继卣出生于天津市南郊土城村。作为天津"八大家"之一"土城刘家"的后裔，刘继卣自幼受其父——著名画家刘奎龄的影响，酷爱绘画。

　　刘继卣刚刚 4 岁时的一天，刘奎龄很惊奇地发现屋

刘继卣

里砖地上的一幅小画，马头高高扬起，一根根鬃毛在马脖子上竖立着，四只蹄子在奔跑，尾巴朝上厥着，当然这是极其粗略的一匹小马的形象，那马腿和马头所在的部位，前差后错，让人看了发笑。但刘奎龄还是非常高兴地赞扬了"大唐"——刘继卣的乳名。从此，家里的地上、墙上、门上经常会出现大唐的画作。亲朋来串门，都指着墙上的画说："3岁看大，刘氏画派有了继承人啦！"刘继卣6岁进入小学学习，在学校读书，放学后便在家随父亲画画。在刘奎龄的教导下，刘继卣经常参考父亲的外国油画画片，那些精美的画片让刘继卣从小就对写实绘画产生了浓厚的兴趣。九岁的时候，刘继卣在五尺的绢上画了一幅《福禄寿三星图》，画中三位老者慈祥可爱，刘奎龄看后连连点头，默默认定这个孩子将来一定就是自己绘画技艺的最佳传人。

刘继卣14岁时，画了一幅鹰，自己将它挂在父亲的画旁边，真假难分，后被家中保姆发现，才知道是刘继卣干的。刘奎龄心中非常高兴，家中书多、画多，任孩子翻阅、观赏、临摹，就这样，一棵艺术幼苗渐渐成长起来了。

刘继卣1936年(16岁)入天津市立美术馆西画系，在油画家刘凤虎的指导下系统地学习素描、速写、水彩、油画，并从刘子久学习山水画技法，从陈少梅学习山水画和人物画。当时这个天津唯一的美术教育园地，设在河北中山路中山公园里。他朝朝夕夕出入其间，对于花园内花草树木的成长、鸟兽虫鱼的生活，都深入观察，作为写生题材，从而打下了坚实的绘画基础。1937年，18岁的刘继卣开始卖画生活。其实，刘继卣从14岁开始就为其父刘奎龄代笔了。天津书画鉴定家邢捷先生在其《刘奎龄书画鉴定》一书中评价刘奎龄代笔刘奎龄的作品时说："从构图上二者大同小异,从笔墨上刘继卣尚显稚嫩,但画风已酷似其父刘奎龄,已露出他的绘画天赋。"

20 岁时, 刘继卣参加了天津学生运动, 慰问抗日战士。1939 年,天津发大水,学校停课。刘继卣创作《天灾图》多幅。然而, 就在《天灾图》问世后不久, 刘继卣便因"讽刺日伪"而锒铛入狱。幸亏家人多方走动,不久后终于释放出狱。之后,刘继卣进入天津私立天申中学任教,成为一名教师。1947 年 29 岁的刘继卣在天津永安饭店举办个人画展,一时蜚声津京,受世人瞩目。但画展的成功并没有改变刘继卣的生活窘境,直到中华人民共和国成立前, 刘继卣除了替父亲代笔画画卖钱贴补家用之外,还要在米铺当伙计才能混口饱饭吃。

1949 年, 刘继卣幸遇时任文化部艺术局美术处处长的蔡若虹,在蔡若虹的帮助下,刘继卣调到中华人民共和国文化部艺术局大众图画出版社工作,后又于 1950 年调到人民美术出版社任创作员,走上了职业画家的生活道路。从此,中国画坛又升起了一颗光辉灿烂的明星。

从天津迁居北京,结识北京各大名家,获益匪浅。同时,刘继卣还在劳动人民文化宫讲素描课,在东城区文化馆讲绘画课,教学相长之中,刘继卣的艺事更为精进。在讲课之余,刘继卣还创作了连环画《鸡毛信》,颇具匠心的构图,活灵活现地描绘了小放牛娃——海娃的英雄故事。这部连环画一出版,立即轰动了美术界,使刘继卣的声誉大振。

1953 年, 刘继卣被选为中国新民主主义青年团第二次全国代表大会代表、第二次全国文学艺术工作者大会代表。这一年,35 岁的刘继卣也迎来了自己的终身伴侣,深爱着刘继卣的裴立女士在婚前曾对他说:"我爱你的事业心,爱你画起画来连饭都不吃的傻劲。"其实,早在 1952 年,刘继卣与裴立热恋之时,裴立就领教过刘继卣画画不顾一切的本领了。一次,刘继卣应邀到裴立家做客,裴立让他上街买些早点,刘继卣二话没说,马上就去了。可是全家人左等也不来,又等也不来。裴立急了,只好让弟弟上街去找。弟弟跑到街上,发现好多人围了一个圈,跑过去一看,嘿!原来这位未来的姐夫正忙着给一个老头画像呢!弟弟挤到他身边说:"姐夫,都什么时候了,家里人还等着吃您买的早点呢!"刘继卣这才如梦初醒,原来他根本就没去买早餐!

刘继卣为人厚道,一心画画,不黯世事,生活中大事(画画)不糊涂,小事就不免有糊涂之时。但他也不是一个古板乏味的人,他有很丰富的文学知识,爱好音乐,唱得一口好京剧,老生小生都行。刘继卣与裴立女士结婚时,在他的婚礼上,刘继卣应贺客之请,便唱了一出《罗成叫关》。

有一次,他很自信地去北京站接一位身穿绿军大衣、手提黑皮包的远方来客,结果没接着。回来说:"没想到北京站有那么多穿绿大衣提黑色皮包的人,我接谁好?"

他待人诚恳、不善心计,不知道什么叫吃亏,什么叫占便宜。他只要有画可画,能画他所想画的画,就

刘继卣与女儿刘蔷在画室中(1982)

什么都有了。一次他带 3 岁的女儿刘蕾逛动物园，因为集中精神观察老虎，竟将带着的孩子丢了，最后由动物园工作人员替他找到。

1957 年，刘继卣随由傅抱石任团长的中国美术家代表团访问捷克斯洛伐克，并且还出版了多种个人画册，逐渐步入艺术的成熟期。刘继卣画的人物仕女、花鸟走兽，多为工笔与写意相结合，在其绚丽多彩和准确造型的基础上，显得格外凝重、奔放、潇洒、传神。他的作品把西洋画的情调渗透进中国画的意境中，却丝毫不露痕迹，形成自己独特的风格。他的艺术成就，引起当时美术界的重视。此后多次参加国内外画展，屡获好评。刘继卣以他高尚的品格、精湛的画艺为祖国艺术宝库增添了宝贵财富。他长于工笔、白描和重彩，后多画写意，融中西画法于一炉。他笔下的人物、动物、花鸟、山水形神兼备，画风严谨，独具特色，在国内外享有盛誉。

1969 年底，他随所在的人民美术出版社下放至"文化部咸宁五七干校"劳动，围湖造田，战天斗地，完全离开了画笔。不过，从 1971 年的下半年开始，干校的一部分美术人才就开始慢慢吃香了。刘继卣被抽调到武汉军区，奉命绘制表现某位领导老家的画幅。但那里并不是省里"农业学大寨"的典型，那里又没有突出的先进人物和先进事迹可以大肆宣传，所以刘继卣的草图几次三番未能获得领导的满意。后来领导再也不提刘继卣的那幅画了，这让他如释重负。

1972 年 2 月至 5 月，在周总理安排下，应国管局之邀，刘继卣与田世光、王叔晖、吴作人、俞致贞、萧淑芳在国务院 14 号宾馆创作"宾馆画"。刘继卣创作中国画《驯鹿》等多幅作品。

1981 年 10 月，刘继卣劳累过度，入院检查，医生建议他马上住院治疗，一个月后，他住院做了右肾切除手术。他心里非常清楚，自己得的是癌症，是威胁他生命的、与他争夺以后时光的不治之症。这次住院之后，他又住了两次

刘继卣在北京画店讲课(1978)

医院，虽然病痛一直纠缠着刘继卣，但他一直保持着乐观的精神，他觉得，一个人总该是乐观的，不论在什么时候。他住院期间，躺在床上还把画笔握在手中，画了不少小品，小猫、小狗，各种各样的小动物。他画起画来，就忘记了病魔给他带来的痛苦。但不幸的是，虽然切除了一个肾，但癌细胞还是转移到了刘继卣的肺部。

但刘继卣临终前还是抱病完成了他的一桩夙愿：将巨幅国画《双狮图》献给了国家。当他自知病将不起时，于1983年10月20日在病榻前口述，写信给全国人民代表大会常务委员会，表示要将《双狮图》献给国家，信中说："吾自幼绘画，半生艺术生涯，贡献薄淡。""吾生于民，则应重报于国。"

1983年11月5日凌晨，与病魔抗争了许久的刘继卣病逝于北京301医院，永远告别了他珍爱一生的绘画事业。

1984年3月5日，刘继卣追悼会在中国人民政治协商会议礼堂隆重举行。刘继卣逝世后，被安葬在北京万安公墓。

在中国现代连环画史上，画家刘继卣先生应该是德高望重、没有争议的典范人物。他存在的意义，不仅在他的生前，也在他的身后。刘继卣 1983 年去世，享年 65 岁。他在世时，并没有大红大紫过。或者说，他有不少能大红大紫的机会，但他和一些画家一样，习惯于默默劳作，不善于包装宣传、去追求所谓的"价值"和"效应"。因而，他存在的可贵，在于他活在亿万读者的心里，也正因为如此，他才具有了典范的意义。刘继卣辞世虽已经三十余年，但现在谈到连环画和国画，无论老读者还是青年读者，有谁不对刘继卣先生推崇备至？

刘继卣的典范意义，首先在于他与时俱进的前进意识和革命热情。刘继卣在天津时已是以画飞禽、鸟兽、花卉、树木知名的画家，受父亲刘奎龄的影响和教诲，刘继卣很早就掌握了中国花草禽鸟动物画法。在掌握传统画法的同时，他还从天津市立美术馆的刘子久先生学山水画，从刘凤虎学素描、水彩，用功学习和研究了西洋美术技法，并竭力将其与中国传统美术结合起来，使他的作品既有中国画的构图用笔和意趣，又有西洋画的透视光影和解剖依据，丰富了作品的表现力，扩展题材范围，为以后的连环画创作奠定了坚实的基础。自 1937 年起，他已经开业卖画，举办个人画展，在天津也跻身于名家之列了。如果按这条路走下去，成大气候，成名画家，也是可以预期的事，但刘继卣先生却选择了一条陌生的路。

1949 年，中华人民共和国成立。1950 年，中共中央发出普及文化、改造旧连环画的号召。当时，北京以至于北方，从事连环画创作的画家历来不多，远无上海连环画大本营的雄厚实力和巨大影响，解放区来的画家也缺乏这方面的经验。但北京作为中华人民共和国的首都，必须负起引领新时代文化大潮的责任。蔡若虹先生在此时受命组建大众图画出版社。蔡若虹先生是来自解放区的资深的漫画家和文艺理论家，能文能画，又慧眼识人。刘继卣先生应蔡若虹之邀，毅然告别卖画生涯，加入了"大众"，目的很明确，创作出全新内容全新形式的新时代连环画。

连环画历来难登大雅之堂，这其中当然有社会偏见的因素，同时也与"连坛"本身在历史中形成的诸多积弊有关。连环画"小人书"与传统国画相比，在相当多的人眼里，是判若霄壤，刘继卣先生对创作体式做大转型是需要大决心、大勇气的。至于刘继卣先生当时的想法是什么，他没有留下文字资料。虽然当时还没有"一切听从党安排""到祖国最需要的地方去"，以及"党的需要就是我的自愿"之类的口号，虽然刘继卣先生不是出于生计的考虑，但我们只要就事论事，就不能不感受到他对新中国的热情，对普及大众文化的热情。这在当时是很难的事，是具有典范意义的。

对于刘继卣执着于普及形式的连环画创作，也有人以为是牛刀杀鸡，是才情的浪费，这

组画《闹天宫》之一

样的说法也可以理解,以刘先生的国画功底而论,他的发展道路是宽广的,但刘先生对连环画情有独钟,坚持不懈几十年,以画风精细、笔致流畅、色彩丰富、构图别致广受赞誉。长期以来,连环画界有"南顾北刘"(上海的顾炳鑫和北京的刘继卣)之说,这赞誉代表了"连坛"的一个时代高度和一段闪光的历史。他的画,影响了一大批后来者,至今为人称道和怀念。刘继卣是实至名归的:他画的《鸡毛信》曾获1955年中国保卫儿童委员会儿童作品一等奖,《武松打虎》1956年获得第五届世界青年联欢节美术奖;1957年组画《闹天宫》入选社会主义国家造型艺术展览;《穷棒子扭乾坤》曾于1963年获第一届全国连环画评奖一等奖。在20世纪50年代初期就把新的连环画艺术推上了艺术的殿堂。王朝闻在《〈王秀鸾〉的一个形象》一文中就评赞了王秀鸾"这造型十分真实,十分生动,十分深刻",它的成功, 使一些轻视连环画普及性工作的人在看到《王秀鸾》这种优秀的造型之后,至少应该部分地抛开连环画是低级艺术的成见。刘继卣的绘画艺术,在现代连环画史上,显然具有典型意义。

在刘继卣身上,在他几十年的连环画创作生涯中,也体现出老一代艺术家"砚田耕牛"般务实和谦虚的精神,勤恳劳作、不尚喧嚣、不羡虚荣。有人说,刘先生是不去关心政治的,所以除了"文革",此前虽然政治运动频繁,但刘继卣似乎都置身事外,保其无虞;而艺术是他生活中的惟一追求,他可以为了作画,去僻远的山野荒村观察写生,并不以为苦,他可以一张画画一个多月,废寝忘食、力求尽美。后一点是自然的,那是真正的艺术家的生命,精神的寄托;而前者的看法,却失之绝对,没有政治热情的画家怎能画出那么多的作品, 展现那么多的人物如王秀鸾、海娃、王国藩等，还有虽是古典人物，身上却映照出足令今人警醒并受到启示的无论是历史人物抑或是神话人物。没有清醒的政治意识和激情，这绝然是不行的。

刘继卣为人低调宽厚、与人无争、待人以诚、不善心计，只以创作为生命的全部。据他的学生回忆，刘先生不以艺术为己物，在课堂上下记永远是一个和蔼无私、严格认真的好老师。他虽然是旧时代画坛上的过来者，但他没有沾染任何旧画师"保守""绝技""窍门儿""秘不示人"的习气。有学生问及刘继卣的画艺绝技，如享有盛誉的动物画制作中的用墨如何"黑极而绒"，虎的皮毛如何"薄中见厚，有珠光宝色"等，他总是和盘托出，与学生和同志共享。他很少写文章，很少大谈他的创作经验，他似乎仅以身教为本分，因而，要想找到他写的这类文章，很难，也没有人在刘先生生前好好总结他的创作经验，这时常让我们慨叹不已。现存仅有的两篇介绍连环画创作技法的文章也没有涉及什么理论问题，只谈创作技法和创作过程，谈得具体详实，朴实无华，却使人深受启发。

刘继卣的艺术特色可以从以下几个方面分析。

首先是善于塑造北方农村人物形象。在刘继卣大量的连环画作品中，他以华北农村为主要的生活基地，塑造了众多不同阶级、年龄、性别、身份的北方典型人物形象，如《鸡毛信》中的海娃、《穷棒子扭转乾坤》中的农村干部、《东郭先生》中的东郭先生，都具有北方人民质朴、憨厚、单纯、执著的性格特征，正是对于这些北方人物的成功塑造使刘继卣的连环画作品充满了真实生动的感染力。

其次，干涩遒劲的线形特征。刘继卣在连环画具体绘制技法上主要运用的是传统线描画法（主要是铁线描和兰叶描），他常常用简练的线条来勾画复杂的形象。他的线质很有特色，用焦墨干笔勾勒，给人以干涩劲挺的视觉感受，有别于上海"连坛"名家流丽、润泽的线性，也有别于其他北方名家过于传统的线描方式（这种传统线描画风是吴门画派与宫廷派的结合）。干涩浓重的线描效果配合了北方人物质朴、憨厚的形象特征。而流丽润泽的线描则更适合表现南方人聪慧、灵秀的气质。传统线描形式因其程式化、概念化的局限只适合于表现传统图式，对于现实生活的表现却并不适合，例如用清代改七芗、费丹旭的仕女描法用来表现现代劳动妇女就不适合了。

刘继卣画连环画的速度很快，一天能绘制近十张画稿。他的用笔熟练流畅，但笔下线条却不会给人以干涩之感，这种线形特质在同时代连环画家中极为少见，是画家本人绘画功力和北方环境特点相结合的产物。

第三，强调动物在画面中的地位。动物画本就是刘继卣的家学，擅长塑造动物形象是刘继卣连环画的另一个重要成功因素。刘继卣连环画中对于动物的描绘，除了外形逼真、生动外，更着意从故事情节出发，结合动物自身特点，赋予动物拟人化的性格和比拟人世的社会属性，使动物也能表达出人的情感，充满人性化的意味。画家有意识地提升动物在作品中的地位，着重刻画故事情节中人、兽的互动关系，使动物不再仅仅作为人物的陪衬。这个特色在《东郭先生》中的中山狼、《武松打虎》中的猛虎、《大闹天宫》中的孙悟空身上表现得尤为明显。

因而刘继卣笔下的动物，不仅是现实生活中真实动物的再现，更是经过画家艺术创造赋予了思想感情的动物形象，体现了"源于生活、高于生活"的艺术创作法则。画中的动物形象与故事中人物的典型性相结合，深化了作品的思想主题。

晚年的刘继卣多以小写意画风面世，主攻走兽、人物两科，以崭新鲜明的面目确立了在现代中国画坛上的地位。刘继卣的写意动物画强调以笔墨造型，所作形象真实生动，构图主次分明，用笔快疾奔放，多

组画《闹天宫》之一（局部）

用侧锋，注意笔触效果，用笔飞动如"风樯阵马"，具有"笔所未到气已吞"的大气魄，节奏感很强，充满了生机和张力，视觉冲击力强烈，不求精雕细刻却能给人以细腻逼真之感，设色明快浑厚，有丰富的层次感，是对其父画风的进一步开拓和发展。

刘继卣秉承家学，在描绘连环画中所出现的鸟兽，可谓得心应手，技高一筹。《水帘洞》《筋斗云》中的群猴、虎、鹿、鹤；《东郭先生》中的狼、牛、驴；《鸡毛信》中的羊；《武松打虎》中的老虎。刘先生通过对动物骨骼结构、肌理驰懈、皮毛、斑纹等内外形体及生理特征的描绘，展现在人们面前的鸟兽，不仅形神兼备栩栩如生，还赋予鲜明的性格，他笔下的动物不仅是现实生活中真实动物的写照，还是经过画家的艺术再创造、赋予了思想感情的拟人化动物形象。

在描绘动物上，刘继卣还有一手绝技——劈笔丝毛，是由

丹青妙手刘奎龄

其父刘奎龄独创的一种特殊绘画技法发展而来。《水帘洞》《筋斗云》中群猴的皮毛,《闹天宫》中孙大圣的面部都采用了这种技法,表现出了细腻入微的质感,令人叫绝。

刘继卣总是用自己的全部精力、全部感情来对待每一部作品。记得他在创作《闹天宫》时,真是如鱼得水,兴奋异常。《闹天宫》是用工笔重彩画的。中国传统的工笔重彩画法,不仅要求画家有过硬的线描、造型、设色的基本功,而且非常费力。一片盔甲,一朵云彩,一撮猴毛,都要先用淡墨一遍一遍的晕染,一般要染上十几遍以至更多,然后上色,这色才浓重深厚。要是直接上色,色就浮、单薄,也就俗了。一共8幅画,画了将近一年,还不算为此所作的大量的准备工作。一幅不算大的画,要画一个多月,每天从早画到天黑,看不清颜色了才止。真可说是废寝忘食,人以为苦,他却以为乐。他觉得沉浸于自己所喜爱的意境中,是一种美的享受。

1956年《闹天宫》组画由人民美术出版社出版,以年画的形式在全国大量发行,深受广大人民群众的欢迎。随后《闹天宫》组画原作8幅,由人民美术出版社转借给当时的中国美术组织机构,送到世界有关国家进行巡回展出。展览完成后,只还给刘继卣先生《闹天宫》原作8幅中的6幅,另

组画《闹天宫》之一

外的第 2 幅和第 4 幅原作,被告知"不慎丢失难以找到"。惊天动地的艺术杰作竟不能完整回归,就连后来周恩来总理调阅原作时,也只能看到 6 幅。刘继卣为此更是伤心万分。此后再出版《闹天宫》组画时,其中的第 2、第 4 两幅,只得使用早先出版物的翻拍照片来制版。这真是天大的遗憾!

事隔几十年,奇迹却发生了!中国美术出版总社的刘延江先生,在弘扬祖国文化组织出版连环画珍品西游记组图(17 张)的过程中,几经周折,从中国美术馆尘封的众多藏品中,将《闹天宫》组画丢失的第二、四两幅原作找到。他立即将这两幅几十年不见天日的艺术瑰宝,进行了拍照制版,并借出参加了纪念人民美术出版社建社 50 周年展览会,在中国美术馆展出。2003 年天津杨柳青画社根据刘继卣《闹天宫》8 幅原作出版了4 开大画册!

刘继卣的用笔顺逆纵横,简约潇洒,自由奔放,遒劲锋利,根据结构夸张含蓄,用墨干净,用色明亮,巧、俏、灵、动、精、妙。"所有古代画家,绘制走兽,最多兼擅两门。今之任伯年、虚谷、张善孖、徐悲鸿诸巨擘,亦皆以专工一两种走兽享名当代……"而刘继卣涉及中国画工笔重彩、写意、人物、走兽、山水、翎毛花卉、草虫蔬果,为天下万物传神写真,实为

《荷月绥馨》

《三打祝家庄》

画坛全才，一代天骄。

刘继卣融和西画造型、透视、色彩，写实与写意和谐创新是成功的。不同于徐悲鸿画马；不同于李可染画牛；不同于黄胄画驴；更不同于父亲刘奎龄，难能可贵。他伟大卓越的艺术成就，从生活中来，从创作中来。父亲的言传身教，观察生活，理解生活，大量的速写，苦辛耕耘；巅峰之作8幅组画《闹天宫》；经典的16幅组画《武松打虎》；家喻户晓的《鸡毛信》《东郭先生》；以及《兔子的尾巴》《乌鸦与狐狸》等三十余部连环画，海娃和羊，东郭和狼，亦人亦猴的孙悟空，无不生动。大量的创作，奉献心血，积累了丰富的经验，特征动态熟记于心，信笔拈花将人间万象最优美的一瞬跃然纸上，令无数世人倾倒崇拜。

　　萨空了在《艺术家刘继卣同志》一文中评价刘继卣说：一定的艺术，总是一定条件下政治、经济的反映。一代优秀的画家，必定在他的作品中反映了他所处的那个时代的特征。刘继卣同志值得我们深切怀念也正在于此。……刘继卣同志用自己全部生命，为祖国的民族艺术宝库增添了光辉，对国内外绘画艺术产生了巨大影响，为国画的发展谱写了新的篇章，堪为一代宗师。

博古通今，刘门出人才

刘奎龄的绘画艺术由其子女刘继卣、刘继敏，其孙刘新星、刘楠，其孙女刘蕾、刘葵，以及其学生、再传弟子们得到了全面的继承与发展。如今，虽然其子刘继卣、其得意弟子李鸿起、王振兴、其孙刘新星均已先后逝世，但值得欣慰的是，刘继卣的二女（刘蕾、刘葵）一子（刘楠），都已画业有成，是国际画坛著名的刘门画派的大艺术家；刘奎龄在津的学生弟子及全国各地的刘门画派的"再传弟子""私淑弟子""发烧友"，在"天津国金艺苑"和天津有关方面的专家学者的鼎力相助下，已于刘奎龄的家乡天津市成立了"刘奎龄画派艺术研究室"，作为全国的刘奎龄艺术研究中心。天津的山山水水、地方文化、俚俗雅韵哺育了刘奎龄这位人民的艺术家，其艺术一定也会在天津发扬光大，走向全国，走向全世界。刘奎龄画派后继有人。我们十分有理由相信刘奎龄画派会发扬光大，也一定能够继续发扬光大、名满天下。

2007 年 1 月 8 日，由天津刘奎龄画派艺术研究室主办的"刘奎龄作品及其文房遗物展览"，在马场道 355 号国金艺苑（原工业展览馆）亮相。展出的作品及白描手稿均为首次面世。

《春风幽歌》(局部)

刘奎龄是中国绘画史
上的重要工笔画家,他的艺
术成就近百年来一直影响
着中国画坛,是天津人民引
以为傲的艺术家。

《春风幽歌》

此次展出的展品由刘奎龄后人及学生珍藏整理,老人的
部分文房遗物与印章也同时展出,为此次活动增添亮色。

展览期间还推出了展品的精美画册《刘奎龄白描画集》和
学术著作《刘奎龄》一书,并由该书作者天津美院教授何延喆、
齐珏签名售书。

2007年8月6日至22日,由刘奎龄绘画艺术工作室主办
的刘奎龄三代绘画艺术展,在天津市烟台道古籍书店艺术画
廊举行,共展出刘奎龄、刘继卣、刘新星、刘蕾三代画家的百余

幅作品,均为刘氏后代及亲友收藏的精品,其中有不少刘奎龄的画稿和粉本系首次与观众见面。画展期间,还于8月16日举行了刘奎龄三代绘画艺术成就研讨会。

在刘奎龄画派传承的过程中,刘奎龄的入室弟子段忻然起到了较大的推动作用。

段忻然,1939年出生于河北省保定,原名段新年,20世纪50年代从师于刘奎龄,成为刘奎龄亲传入室弟子,并由刘奎龄为其取名忻然。

刘奎龄教导段忻然,作画要善于把握"势"的营造,绘画作品"虚处不嫌窗框松,实处勿感板结紧",段忻然在继承刘奎龄艺术的道路上,充分发挥了华滋清润、厚劲灵动的画风要领,成为目前刘奎龄艺术传承的领军人物。

几十年来,段忻然经过曲折的艺术创作探索,始终坚守着刘奎龄艺术中既尊重传统又不断创新的理念,在动物画艺术领域里不断实验、探索和实践,在动物画领域以"尚意"和"飘逸灵动"的创作思想主导下,将工笔画与写意画共同发展,融入西方绘画解构、光景、色彩等因素,极大地丰富和发展了中国工笔动物画的表现手法。进入21世纪以来,段忻然和他的艺术备受关注,被誉为我国当代"承先启后的动物画大家""动物画的又一座高峰"。

2017年9月,为继承发展弘扬刘奎龄绘画艺术,段忻然同业内同人共同创办"刘奎龄绘画艺术研究院",旨在进学修德、博取新知。

段忻然因其受益于刘奎龄先生的传奇经历和德高望重的画坛影响力,被推举为刘奎龄艺术研究院院长。

2018年2月3日,"盛世丹青耀中华——刘奎龄绘画艺术研究院优秀作品展"在天津美术网艺术馆开幕。画展由天津市美术家协会、刘奎龄绘画艺术研究院、河北燕赵画院、天津金带福路文化传播中心联合主办。展览共展出刘奎龄绘画艺术研究院 50 余位画家的 100 余幅精品佳作,其中既有大气磅礴之作,也有文静俊逸的小品,飘逸的线条、灵动的水墨各臻其妙。

融会传承说画痴

天津博物馆研究员林开明曾讲，在研究近代天津艺术史的工作上，应注意将微观与宏观相结合，个案与时代背景相结合，这样可以看出艺术史的发展脉络。大的时代背景对艺术的影响，有利于对外交流。中国的艺术在清末民初受日本影响较多；到北洋政府时代，徐世昌总统与法国建立交流，国内留学生开始前往法国留学，这一时期受到法国影响较大；到国民政府时期，则受美国影响较多。日、法、美，对中国艺术的影响是一个渐进的过程，了解这些可开阔视野，有利于艺术史研究向更深层次发掘。

刘奎龄作为天津绘画艺术的重要代表，在中国 20 世纪美术发展史上有着无可替代的地位。统观刘奎龄绘画艺术风格的整个形成过程，可以映射出近代中国文化与西方文化相互融合的大趋势。同时，刘奎龄绘画艺术也是 20 世纪绘画多样性的一个绝好的例子。他的画糅合了各种写实元素、吸收了各种写实技法，他的一生是 20 世纪中国写实绘画史的浓缩。

刘奎龄绘画中吸收日本绘画的因素，一直为大众所周知并称道，但据目前所掌握的材料，刘奎龄吸收日本绘画的营养,仅停留在口头回忆上,如刘奎龄先生的孙子刘新星在1986年发表于《今晚报》上的文章《津门一代丹青名手——我的祖父刘奎龄》一文中明确提出:

初学绘画是以形来分高低的, 当时我祖父认为国画的形多不如西方绘画表现准确。所以他一入手就由'入形'开始,先学素描、水彩和油画,而后又对日本绘画发生了兴趣。我常听祖父提到竹内栖凤,他是祖父宾服的画家,说竹内不但画走兽也画翎毛,作人物及山水,在日本很有威望。'岭南派'高奇峰就是他的学生。我父亲在日本留学期间,带去老人的珍作多件赠与日本友人。

此外,再次提到刘奎龄的画受日本绘画影响的是2001年11月出版的《天津文史》(第26期)邢捷、于英撰写的《种墨怡园里草庐耀辰光——刘奎龄绘画艺术与演化初探》:

刘奎龄在数十年的绘画生涯中,以自学为本,以中学为体,以西学为用,上溯五代,下游明、清,借鉴日本绘画,古今中外,融于一炉。

"在'鉴西'的同时还'借东',刘奎龄在花鸟、走兽画方面借鉴了日本绘画艺术,如竹内栖凤(1864—1942)在日本明治画坛素有'东大观、西栖凤'之说。横山大观在关东的东京,受西方绘画的影响。竹内栖凤在关西的京都,立足于民族传统,擅长走兽、翎毛、山水、人物画,较少受近代外来思想文化的冲击,保存优美典雅的日本文化。刘奎龄在学习竹内栖凤绘画艺术时,以国画为本,融和巧妙。"

2003年7月21日《今晚报》(副刊)刊发了刘静华、王玉慧的文章《种墨于草庐妙笔一仙翁》,文中提到:

刘奎龄堪称自学成材的全能画家。虽未曾拜过老师,但他却私淑古代、近代先哲达二十余人。在借鉴西方绘画艺术时，对日本的绘画产生了浓厚的兴趣，尤其是日本画家对生物的关注，使刘奎龄受到极大的感染，对他的绘画艺术给予诸多启示。1935年其长子刘继锐到日本东京帝国大学留学时带去刘奎龄的精作多幅，赠与日本友人。

这些回忆记述了一个信息，就是刘奎龄先生的画风形成与日本绘画，尤其是日本明治时期的竹内栖凤有着显著的联系。但曾经被刘奎龄先生及后人反复提及的"竹内栖凤"究竟对刘奎龄的画风形成产生了怎样的影响？这些影响在刘奎龄的作品中有那些具体表现？刘奎龄作品还受到过那些日本画家的影响？一直以来都还没有相关人员进行过深入地研究。

结合近年来对刘奎龄研究的不断深入，以及对以往研究的重新思考，我在关注刘奎龄绘画的同时，也开始注意竹内栖凤等日本画家的作品。通过对竹内栖凤等日本画家作品的了解，我发现刘奎龄作品中有相当一部分借鉴了日本画家竹内栖凤、横山大观以及园山四条派画家中的绘画因素。

刘奎龄作品中的许多因素与日本画家作品中的因素十分相似。这有两种可能，一种是完全没有相互参考，纯属巧合；另一种是有意识地根据一些图像资料进行过模仿和参考，并融会贯通形成自己的绘画组成元素。第一种情况不是没有可能，但第二种情况的可能性更大，并且通过我的研究有多种资料可以印证这种可能。

刘奎龄本人曾多次谈及竹内栖凤对自己的影响，如前文所述刘新星的回忆文章中所提及的"我常听祖父提到竹内栖凤，他是祖父宾服的画家"，另外，据相关资料显示刘继卣在幼年学画时也曾受到过竹内栖凤的影响，"特别是日本的名画家竹内栖凤的画潇洒空灵的画风和捕捉物相的精到技巧深深打动了刘继卣幼小的心灵"。

这些资料都说明刘奎龄绘画风格的形成,或者说"刘氏"艺术风格的形成与竹内栖凤密不可分。

为什么竹内栖凤会对刘奎龄产生影响,或者说刘奎龄为什么会选择竹内栖凤或日本绘画作为自己重要的借鉴元素呢?这不仅仅是一个偶然的抉择。

清末民初,由于中国的近邻日本在明治维新中取得了成功,一跃成为世界强国,而此时的中国正处于内忧外患之中,统治阶层的腐败与无能让社会上的有识之士纷纷将目光投向海外,寻求改革的借鉴之处。而中日甲午战争之后,日本的胜利,更让国人震惊,人们开始瞩目日本,由于日本学习西方卓有成效,因此吸引了大量的中国知识分子前往学习。"在20世纪初,近代中国美术的著名开拓者几乎都去日本学习或考察过",因此,在艺术上,20世纪初的50年间,中国艺术受日本影响较多,西方学者詹森在其《日本与中国的辛亥革命》一书中就曾指出:"近代日本不仅是孕育中国近代民主革命领袖的摇篮,而且是中国近代新型的知识分子窥望和学习西方现代文化的驿站。"在美术理论的研究与借鉴上,中国这一时期的美术史著作,也大多借鉴日本或者是从日文转译过来的,如陈师曾的《中国绘画史》就直借鉴了日本学者中村不折、小路青云的《支那绘画史》的内容,成为中国近代美术史的经典著作。此外,日本还是接受中国近代美术家最多的国家,因此,刘奎龄在这样的时代背景下,有意识的选择以日本画家作为借鉴模仿的对象,也就成为了一种必然。

此外,在我与何延喆先生共同研究刘奎龄生平的过程中,我们还了解到一个信息,就是刘奎龄本来也要到日本去留学,但由于家人的极力反对,最终没有成行,这也从一个侧面说明,刘奎龄是有意识地选择日本艺术,作为自己参考借鉴的榜样的。但通过研究,我发现刘奎龄并不仅仅是简单的借鉴竹内栖凤一人的画风,而是对日本的"新日本画运动"的画家以及"园山四条派"的画家均有借鉴与参考。

在 20 世纪初期的日本画坛上,京都的竹内栖凤与东京的横山大观齐名,素有"东大观、西栖凤"之说。横山大观是新日本画的代表人物,在日本明治时期的画坛上与菱田春草、下村观山并成为"三羽乌"。而竹内栖凤作为园山四条派的中坚力量,对日本的影响深远。

横山大观在日本美术院第 1 回院展上,凭借作品《屈原》获最高奖。《屈原》首次采用了"没线"画法,世评很高。通过新闻媒介,横山一举闻名全国。日本画的线条本来具有独立作用和意味,但同时又是一种制约,横山大观从这种制约中解脱。为表现日本这一岛国的温润风光,他选择了没线画法,即用色彩的"面"取代传统的"线"。

而从刘奎龄的作品中我们也可以明显的看到,线条并不是最主要的画面构成因素,尤其是在刘奎龄的走兽画中,动物的外形往往是用背景色彩与动物本身皮毛的色彩相互挤压凸现于画面之上,而没有十分明确的线条勾勒。因此,我们常常会看到刘奎龄的动物画的动物轮廓是一条柔和的色带或"光圈",而并非一条墨线。这无疑是与横山大观的艺术观点相近的。而刘奎龄与横山大观在 1925 年,曾在江南有过亲密接触,2000 年出版的《刘继卣人物画集》后面附有刘继卣先生年表,对此事有过纪录。"1925 年(刘继卣)7 岁,随父出游江南,会见日本画家横山大观,同行写生。"此处有一个需要注意的地方,就是"同行写生。"与谁"同行写生"呢？应当是与横山大观同行,并且此次同行并非简单的旅游,而是在绘画上进行交流的写生旅行。刘奎龄作为一位职业画家,本来是没有具体师承的,但是,刘奎龄具有超强的领悟能力,这次同行写生无疑使刘奎龄更好地领悟横山大观的绘画艺术精神和具体技法,这是一个绝佳的机会。

所以我们可以看到,刘奎龄作品中枫树叶的画法与横山大观的枫树叶画法接近;刘奎龄作品绿头鸭在雪景之中的一幅,背景的雪景以留白的方式,表现出白雪,这与横山大观中的表现方式极为相像。

当然,刘奎龄完成的作品中有这种"没线"的效果,并非刘奎龄对线的造型构成不重视,从刘奎龄存世的手稿中,我们可以清楚地看到刘奎龄以线造型的高超水平。"他的手稿多以墨笔勾出,线条短促有力以立其形质,笔笔皆有出处,却无'板、刻、节'之弊。从其手稿中还可以看出,当年刘奎龄在对物象的写生时先用木炭反反复复做出的修改痕迹,这明显是他所受的西画的影响所致。然后再以墨笔写就,但并非被动勾描,也能显现出笔意和笔力。……刘奎龄在面对犬马之时,全神贯注之态非但不输古人,而且有其感觉和诉求的独特方式。他在手稿中,仔细地研究物象的形体结构,采用西方绘画的观察方法,用一些虚线暗示出形体的生长和彼此之间的结构关系,深入到他所关注的每一个细节。我们还能看到他在手稿中用线的虚实和明暗手段所做的局部形体的体面分析,而这丝毫没有妨碍墨笔对整体的概括,'谨毛'而不'失貌'。"这是一个由"有线"到"没线"的过程,也是刘奎龄绘画成熟的标志。

刘奎龄在浇花 1957 年夏

那么，竹内栖凤对刘奎龄又有哪些影响呢？"在气势上，栖凤也许不如大观，但在技巧和情趣上，栖凤则超过大观。1909 年，栖凤成为京都绘画专门学校教授，1913 年成为帝室技艺员，1919 年成为帝国美术院会员，1937 年荣获第 1 回文化勋章。他以京都的园山四条派为基础，参用狩野派、大和绘和汉画等古典手法，外游以后还研究了油画、水彩和摄影技术，融入西方绘画的光、空气的表现方法，达到精妙雅洁的艺术境界。他在画中善于用'水'，或淋漓尽致，或挥洒自如。特别是文展以后，他的画风最为洗练，显示出日本画的又一个极致。1920 年 4 月和 1921 年 7 月，栖凤两次到中国作写生旅游，而面对烟雨朦胧的江南流连忘返，所作画稿不下数十幅。"同样，在刘奎龄的画中，刘奎龄也善于运用冷色及透明水色，如石头的暗部以近似于水彩画湿画法的方式画出石头的肌理和变化，这种方式充分体现了用"水"表现出光感和空气感。而在画中善于用"水"，则是竹内栖凤的一大特点。同时，刘奎龄作品中的留白以及用色彩衬托前景的主体动物或飞禽的方式也与竹内栖凤的作品中的表现手法极为相似。

此外，我们还可以通过一些其他日本画家的作品，看出刘奎龄不仅仅借鉴吸收了许多竹内栖凤和横山大观的画风，而且还广泛借鉴了许多日本画家的作品。在刘正祺先生的文章《"天津水产三杰"之一刘纶》中还记载有这样一个片断："先生（刘伦）的兴趣爱好是多方面的，除自己的专业外，对书画也很感兴趣。他自己搜集保存了一些明清书画，还请当时的著名书画家创作一些作品，装裱后挂在自己的寝室及书房中，以供早晚欣赏。在日本留学时还搜集了很多动物及风景的明信片，回国后送给同族的画家刘奎龄老先生，供其创作时参考。"可见，刘奎龄对日本画家的偏爱是熟悉刘先生的人众所周知的事情，并且，刘奎龄的资料来源也是多方面的。除了亲戚朋友的赠与，刘奎龄更是利用一切渠道，购买或借阅各种国外资料，这其中既包括日本绘画，同时也包括各种海外动物的图片。所以，我们今天看刘奎龄先生的画，画中不仅仅有中国人熟悉的老虎、鹿、猴、马等动物，更有一些中国人并不常见的动物如北极熊、长颈鹿、非洲羚羊、袋鼠、斑马、野牛、海豹、黑猩猩、红毛猩猩等。这些珍惜难见的动物，就是今天也不一定能在动物园中全部看到，而刘奎龄先生仅仅凭借由英租界买来的印刷精致的画报、各种动物的图片以及各种可能的渠道所窥见的动物图形，就绘制出一幅幅精美的画作，不得不让人由衷的钦佩。虽然由于有些动物的生活习性刘奎龄并不了解，因而错安了某些动物的生活场景，但这些并不影响人们对刘先生笔下那些生趣盎然的动物的喜爱。所以，著名报人罗文华曾说"刘奎龄一生创作颇丰，据不完全统计，其作品涉及题材有兽类、花鸟、昆虫、翎毛、人物、山水等一百五十余种。若将所画的作品聚集在一起，刘奎龄不仅画了一个动物园，而且还画了一个植物园。"

　　另外,关于刘奎龄先生的绘画技法方面,在研究的过程中也发现有以下一些规律。

　　首先来谈谈"丝毛画法"。丝毛画法是国画中的一种基础技法。在谈刘奎龄先生的绘画技法之前我想先澄清一个概念,是"丝毛"还是"撕毛"?

　　《现代汉语词典第5版》中"丝"的解释有5种:"1蚕丝。2像丝的物品。3表示长度、重量的单位。4表示极少或极小的量。5指弦乐器。"

　　对"毛"的第一种用法上解释有8种"1动植物的皮上所生的丝状物;鸟类的羽毛。2东西上长的霉。3粗糙,还没有加工的。4不纯净的。5粗略。6小。7指货币贬值。8姓。"而对"撕"的解释则为:"扯开;剥开。"

　　我认为,中国传统绘画技法中的"丝毛"应当为"丝毛"而非"撕毛"。丝毛是中国画的一种技法,是运用毛笔单线或多线,来画动物皮毛的方法。"丝"在这里被用作动词,表示画成像丝或动物皮毛的感觉。

　　丝毛的用笔方法也有多种,大致可分为3种。

　　1. 细笔丝毛法。中国古代工笔鸟兽的皮毛都是一笔一笔通过笔画的排列而组成的,一般叫它细笔丝毛。宋元画花鸟大多是用细

刘奎龄作画 1957 年夏

笔一根一根画成。这也是中国传统绘画的一项独特的创造。

刘奎龄与刘继卣 1961 年 12 月 7 日

2. 破笔丝毛法。据称为近代北京画家曹克家所创。即在画动物皮毛时，先将毛笔运成扁平状，使笔尖成一排细毫，如刷子来画各种毛皮，一层一层逐渐加深。破笔丝毛层层画猫的方法，讲究的是每笔上下左右衔接、每一笔都从上一笔中画出来，由浅而深的把颜色画上去。不再是前人所绘花鸟猛禽中的"根根见肉"，而是"肉出根根"。曹克家先生将此画法用于画猫，所绘之猫毛色浓淡相间，层次丰富多变，富有逼真的质感，开一代画风。

3. 劈笔丝毛法。有人说"在描绘动物上，刘继卣先生创造了劈笔丝毛法，是由其父刘奎龄独创的一种特殊绘画技法发展而来的。……采用这种技法，表现细腻入微的质感，令人叫绝。"

通过对"丝毛"技法的分析，我们可以得出一个初步的认识，就是丝毛是中国绘画中工笔绘画的一种传统技法，在近现代为了表现特殊的真实质感，由画家创造发展出多种"丝毛"的用笔技法。而刘奎龄作为天津近代最为知名的动物画家，对丝毛技法的运用与创造也有一个由"干笔细笔丝毛法"到"湿笔擦笔丝毛法"的演变。

　　丝毛画法的种类可以大致分为两种，即"干丝"和"湿丝"。"干丝"是先丝毛、再染色、染墨；"湿丝"是先染色、染墨，趁墨色未干之时或半干不干之时在墨色上进行勾画，来表现毛发的质感，因为墨色趁湿相互融合，可以造成一种逼真的毛发效果。这种表现手法是刘奎龄先生所特有的，可以说是刘氏艺术的"独门绝技"。

吉光焕彩有余音

刘奎龄作为一位职业画家,终身以绘画为伴,自 20 世纪 20 年代起就以卖画为生。因此,刘奎龄的作品受到各界艺术爱好者的青睐,纵观 20 世纪 30 年代至 20 世纪末,刘奎龄作品的收藏情况经历了私人收藏、博物馆收藏、海外收藏的不断扩展,艺术影响逐渐走向世界,在华人艺术收藏圈内的影响越来越大。

在 20 世纪的前半期,刘奎龄作为职业画家靠卖画支撑全家的生活,而当时,职业画家的境地,尤其是像刘奎龄这样以中西融合画风创新的一派,并没有受到仍以传统文人画为主导的画坛的认可,传统文人画家认为绘画依然是"聊抒胸中逸气"的文人雅趣,是闲情逸致,是阳春白雪。而作为一个职业画家,是无法进入以文化名人、士族官僚等为主要成员的"画界主流"的。因此,刘奎龄的画在当时的收藏对象主要是一些亲朋好友和工商业界人士。从刘奎龄存世作品中保留的上款上可以查阅到这些名字:

梦香仁兄、星孙六兄、钦尧仁兄、振之表弟、襄孙表阮……

这些人虽然不一定是刘奎龄的亲属,但刘奎龄作为职业画家还是在出售或赠与作品时将这些人敬称为"兄弟"等。

在 20 世纪三四十年代，日本横滨正金银行天津支店买办魏伯刚对刘奎龄的作品情有独钟，长期收购，前后有很长一段时间，几乎把他的作品全部包下来。据说这些画有相当一部分被作为礼品赠送给日本人；魏伯刚本人也保存了不少，中华人民共和国成立后大部分为国家文物部门收购。刘奎龄作为津门老画家受到了党和国家的关爱，同时，刘奎龄的作品也受到艺术界和社会各界的关注。

1950 年初秋，刘奎龄的作品入选赴苏联展览的中国艺术品之列，当时的中国美术工作者协会主席徐悲鸿及全国文联展览委员会主任叶浅予都参与了这次活动的评选工作，徐悲鸿在送展的作品中见到了刘奎龄的《上林春色图》，大为惊叹，称赞不已，后悔相识太晚，并不无疑惑地说："我怎么连这么一位画家都不知道！"随后徐悲鸿为刘奎龄写了一封热情洋溢的信，在信中要求刘奎龄为他亲笔作一幅《孔雀图》。能受到徐悲鸿如此肯定，对于刘奎龄来说，是莫大欣慰，毕竟自己的艺术能被新的时代所接受。

1953 年 9 月 16 日，全国美协主办了首届全国国画展览会，展出地点为北京北海公园。作品由各省市文化主管部门负责征集，经全国美协组织的评委会评议，从送选的八百余件作品中选出了 247 件作品参展。这是新中国首次中国画创作的盛会和巡礼。天津市也推荐了一批作品，但仅有 5 人的作品入选。他们分别是：萧心泉、靳石庵、刘奎龄、刘子久、孙克纲。嗣后，又从展品中萃选出 55 件作品，由人民美术出版社收入《全国国画展览会纪念画集》，于 1954 年 7 月发行。天津画家刘奎龄的《孔雀》及刘子久的《贺新春》入选，使刘奎龄、刘子久在全国的知名度大大提高，从而也进一步确立了他们在天津画坛上的重要地位。始有"津门二刘"之说。

1958年8月10日，毛泽东主席在干部俱乐部接见了刘奎龄和刘继卣父子俩，并鼓励他们为人民多作贡献，在展阅他们的作品时称赞道："博古通今，刘门出人才。"新闻电影制片厂还为刘奎龄拍摄了专题报道，使他受到了很大的精神鼓舞。此后，刘奎龄的作品受到官方收藏机构的重视，天津艺术博物馆、天津人民美术出版社、杨柳青画社、天津市文史馆等单位纷纷收藏或购进为数不少的精品。

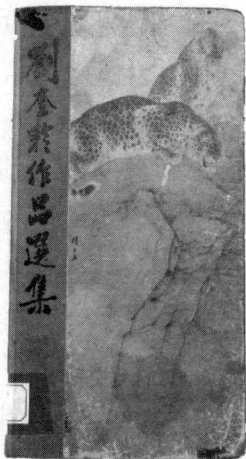

《刘奎龄作品选集》

1964年，天津市文化局局长张映雪指示天津艺术博物馆在征集馆藏书画时要留意刘奎龄的作品，并特别提到他的重要传世画迹《义和团抗洋兵》扇面，指出其在艺术上的代表性及题材内容的重要意义，并提示线索，要求艺术博物馆尽力征集入藏。当时接受这项任务的崔锦先生做了深入而细致的工作，终于说服了收藏者严六符先生，将他这件心爱的珍藏转让给艺术博物馆。最终使它成为馆藏的佳品，而免遭"文革"的劫难。

"文革"结束后，刘奎龄的画名、画价陡然升温。其作品的艺术价值受到画界、学术界、出版界、收藏界的普遍关注。1979年5月，天津杨柳青画社出版《刘奎龄花鸟画手稿选》；1980年7月，天津人民美术出版社出版《刘奎龄画选》；1989年12月，天津人民出版社出版《刘奎龄画集》(一册本)；1992年荣宝斋画社出版《刘奎龄画谱——花鸟走兽部分》；1995 年 12 月，天津人民美术出版社出版大型画册《刘奎龄画集》（三册本）。

自 20 世纪 90 年代开始，随着国内拍卖市场的兴起和收藏市场的升温，刘奎龄的画作成为各大拍卖会的热点藏品，每每创下高价。

20 世纪 90 年代初，天津人民美术出版社为了扩展业务，将库房中的部分收藏画作调出，交付拍卖。此时，新加坡著名证券商、收藏家——"艺潮楼"主人陈金川，自 80 年代后期开始大量集藏中国艺术家书画作品，曾多次赴北京、上海、香港等地购藏，他特别喜好刘奎龄和陆俨少南北二家，举凡得遇心爱精品，他必全力以赴，甚至超过市场价格亦在所不惜，故其艺潮楼中，刘奎龄和陆俨少两大家的作品，既多且精者不少，蔚然成家；刘奎龄的花鸟画代表作《五伦图》，就是在此一时期走向海外，进入新加坡艺潮楼收藏。（据嘉德拍卖资料显示，1995 年《五伦图》以 52.8 万的高价被拍卖）2000 年初，艺潮楼藏品大量释出市场，同为新加坡著名收藏家的曾国和又将此幅《五伦图》收入"秋斋"藏画，成为"秋斋"的收藏精品。

刘奎龄 1912 年就以卖画为业，所以，他的作品很早就在市场上流通，由于他的作品题材好、艺术观赏效果强，因而很受藏家的青睐。在刘奎龄孙媳王玉慧女士的回忆文章《画坛巨匠刘奎龄》中有这样的记录："在 1935 年其（刘奎龄）长子刘继锐到日本东京帝国大学留学时，带去老人的精作多幅赠于友人。90 年代末，在上海朵云轩，日本旅游团看到了刘奎龄的四条屏，他们立刻被刘奎龄赋予了灵性的画作，拍案叫绝，躬身敬拜，久驻不离。"说明，早在 20 世纪 30 年代，刘奎龄的作品就走出国门，受到日本收藏界的重视了。

20 世纪 90 年代初国内艺术拍卖兴起后,他的作品在海内外市场上时有亮相,往往会受到藏家的追捧,1993 年他的《驯马图》成扇在佳士得拍卖会上以 13.8 万港元成交,这个价格在当时已很高,可以和一流画家作品媲美。1994 年他的《动物》四屏在嘉德拍至 57.2 万元。1996 年刘奎龄的《动物》四屏在苏富比(微博)拍卖会上以 98 万港元的高价成交,创刘奎龄作品的最高纪录。2002 年刘奎龄的一件《太平乐业》成扇在苏富比拍卖会上获价 31.86 万港元。近几年,随着中国书画行情大幅上扬,刘奎龄的绘画作品价格也有较大幅度的攀升,2011 年他的精心之作《百兽图》在天津鼎天国际推出,受到众多藏家的追捧,不少藏家你争我夺,互不相让,最后被一藏家以高达 840 万元收入囊中。同年,《动物四屏》在北京诚灏获价 448.5 万元。2012 年《五伦图》两度被北京九歌推出,分别以 356.5 万元和 368 万元成交。2013 年《花鸟四屏》在北京保利获价 632.5 万元。2014 年,他作于 1933 年的《花卉幽禽四屏》在苏富比获价 484 万港元;同年,作于 1941 年的《走兽四屏》在天津文物获价 649.6 万元。2015 年,《人物山水四屏》在天津鼎天国际以 402.5 万元拍出;同年,作于 1941 年的《动物八屏》在北京保利推出,获价 920 万元,不仅创下刘奎龄作品市场价新高,而且距离千万元大关仅一步之遥。从市场上看,刘奎龄的作品有不少是四屏,现这类的精品动辄在 400 万元以上。

刘奎龄是自学成才的全能型画家,现代杰出的动物画巨匠。他画路宽,擅长走兽、山水、人物、花鸟、昆虫、翎毛、佛像、罗汉、博古等,其中尤以狮、虎、孔雀见长;他技法好,创作博采众长,融汇中西,中国画十八般武艺样样精通,特别是独创了"湿丝毛法""注彩法""墨积法""色积法"等花鸟画技法,将用笔、用色与用水灵活地结合在一起,以多种颜色调配成典雅的色泽,惟妙惟肖地表现鸟畜兽的形体结构、肤色光泽,收到了极佳的艺术效果;他作品精,创作一丝不苟,平时喜欢种花养鸟,豢猫犬鸡鸭,以观察摹写,故他的画作几乎幅幅精湛,没有敷衍之作。特别是刘奎龄作为一个职业画家,往往会按求画者所索而制,但重复者,非刻板地再现,而是在背景或细节上多有修饰改动,对构图运用娴熟,别开生面。20世纪中国美术史刘奎龄是不能缺席的,后世他的作品仍将是海内外市场的热门货,迭创佳绩是完全可以期待的。

刘继卣是1937年开始卖画的,故他的画作在市场上流通很早。20世纪90年代初,国内引进艺术拍卖后,刘继卣的作品亮相不多,一直到20世纪90年代中期,刘继卣的作品才在各地市场上频频亮相,1996年中国嘉德推出刘继卣的力作《鹰》和《万

刘继卣与夫人裴立在宅院中(1983)

顷松涛》,分别以2.8万元和3.2万元成交;同年,《苍鹰》在北京荣宝斋推出,获价5万元。1997年《大熊猫》和《花果鸟虫》在中国嘉德分别获价3.08万元和2.42万元。1998年《松鼠》在中国嘉德获价1.1万元,价格很一般。步入21世纪后,刘继卣的画作价格在市场上略有上升,2000年他的力作《苍鹰》在翰海获价4.18万

元。2002 年《雄狮》在嘉德获价 9.02 万元。近几年，刘继卣的作品开始发力，2010 年中国嘉德推出他的精心之作《郑成功收复台湾》，受到众多藏家的追捧，最后以 313.6 万元成交；同年，《虎》被北京保利推出，获价 72.8 万元，一年后，也就是 2011 年在歌德拍卖会上，以 241.5 万元拍出，一年价格上涨了 3 倍多。2013 年《武松打虎》在翰海以 368 万元成交；一年后该作在中鸿信以 598 万元拍出，一年价格上涨了 200 多万元。之后，2015 年《动物四屏》在中国嘉德以 402.5 万元成交。如果与其父刘奎龄作品价格相比，刘继卣尚有一定差距。若仅从艺术上看，刘氏父子艺术各具特色，刘奎龄的作品更传统、更细腻；而刘继卣的作品更生动、更具时代感，如刘继卣画苍鹰，不仅造型准确，而且眼神凌厉，剑拔弩张，动态传神、呼之欲出，极具感染力。造成市场上价格差距的主要原因是刘继卣去世较早，加上人们对他的宣传力度不够，一些大藏家对他比较陌生。在现代画家中，父子都擅画的大有人在，但要超越父亲的几乎没有，若是有得一拼或是能称"并驾齐驱、不相上下"的当推刘继卣。所以，笔者非常看好刘继卣的行情，特别是未来随着人们鉴赏能力的提高，刘继卣的画作还有很大的上涨空间，值得海内外投资者和收藏者重点关注。

　　2011 年，刘奎龄的《百兽图》在天津鼎天国际拍卖中，以 840 万元成交，创下刘奎龄单幅作品拍卖最高价，关于这幅作品，本人研究生导师何延喆以《刘奎龄〈百兽图〉》一文进行了详细论述，现全文转载如下：

　　刘奎龄先生的走兽作品虽属珍贵，但还谈不上罕见。而《百兽图》这幅作品的题材选择与处理却堪称稀有。分析作品的图式与背景，我们可以大胆地做一下推论，刘奎龄这幅作品

丹青妙手刘奎龄

的最初灵感缘起,应始自亲家"李善人"花园中豢养动物的景象。但是习惯于描绘自然草莽盎然生机的刘奎龄,对于笼中困兽似乎并不太感兴趣。因此,在他的笔下,动物们又被放归山林,不同气候环境与地域特点的动物被置于同一画面里共存共生。其中不乏北极熊、狮子、老虎这类霸气外露的猛兽,但它们的表情却都安详自在,不但看不到霸王之相,甚至有些童趣盎然。

将许多不同空间的物种置于同一画面,其中很多走兽又有自然的天敌关系。这种处理就使作品产生了某种超现实的艺术语汇,阅读到这里我们不难看出刘奎龄在这幅《百兽图》中所要表达的深层隐喻。作品创作之初,正值时局动荡、人心惶惑之时,而刘奎龄恰恰以百兽拟时局,期盼和渴求一种安定和谐的生活与创作环境。当作品完成之后,也是由于时势转移,最终没能将作品交付预订的买家,而归为家藏,辗转流传。

笔者第一次看到这幅作品是在 1962 年,那是刘奎龄先生唯一的一次个人画展。展览中大小尺幅的佳作很多,给少年时的我带来很大震撼。这幅《百兽图》也给我留下了深刻的印象,画幅虽不算大,但却绝非小品,小尺幅而藏大气象。画中走兽保持了刘奎龄作品中一贯的高水准。构图严谨、画面丰满,单个动物的刻画细致入微。尤其是对动物的原始生存状态表现十分准确。这得益于刘奎龄对《世界地理杂志》等相关动物图片资料多年的收集与整理。虽然不同大洲、不同气候带的物种被置于同一时空,但由于搭配协调、布局考究,并没有让人觉得突兀与不和谐,反而形成了一种特殊而别致的画面趣味。从而触发观者体验画家对笔下诸多生灵感动认知的状态和过程。

这幅作品以年画的形式几经刊印发行，后又被当作学校里孩童认知动物的挂图。1949年后，刘奎龄虽然获得了很高的社会地位，但由于身体、精力等各个方面的原因，已经无法再创作出此类精品了。他的名世之作《上林春色》和《孔雀》分别入选首届(1953年)全国美展和三届(1960年)全国美展，但两画皆为1949年以前所绘。《百兽图》与之同属创作盛期的作品。前两图藏于国家文博单位，而《百兽图》则永远留存于民间了。

《百兽图》这个题目刘奎龄先生仅画过一次，是一幅精品之作。学兄刘新星曾听其祖父奎龄老先生讲过，这幅作品本来是由津城一位富商以200大洋约订的，其愿望是想让先生用一幅画画全所有走兽，一览而无余。今天看来，与侯宝林相声《关公战秦琼》大有异曲同工之意趣，也是要考考先生如何处理章法吧。

耀辰先生经长久时日的反复揣摩、修改，终成此画。然由于时局变化，这位富商终未能如愿得见这幅精品之作。此画一直深藏在先生家中，视为珍藏。先生过世后，传于其女儿刘继敏，后又传于其孙刘新星和孙媳王玉慧。星、慧殁，始散出。

《百兽图》在仅三尺斗方上展示了包括狮、虎、豹、象、狼、熊、鹿、狐等数十种动物，甚至还包括了河马、海豹、河狸等罕见之兽。这么多动物展示在一幅画面上，其背景也未隔山峰、密林，虽都是一些猛兽，但耀辰先生在画面处理上尽显赤诚的向善佛心，与他画的其他作品一样，所有动物都是那么活泼、自在，毫无相互厮杀的贪婪之容，而是一派和谐之气，共存共荣之景象。

此画细观之后可使人们感悟到：刘奎龄先生笔下的百兽尚能如此，反观人类，何尝不需提倡和谐之风。

刘继卣在农场写生(1970)

在文化建设上，一座城市的文化繁荣应着重对一个城市的文化艺术进行系统梳理、深入研究从而形成文化凝聚力。天津是一座有着深厚文化底蕴的城市，我们要做的就是以学术的态度进行理性的工作。研究刘奎龄艺术风格的成因、比较刘奎龄与同时代画家道路的异同、对刘奎龄作出准确的评价和总结刘奎龄艺术形成的宝贵经验，是我们当下应该继续思考与研究的重要课题。因为对这些问题的厘清将有助于我们更好地梳理天津创作文脉，弘扬津沽文化，在社会各界形成一股加强对津沽文化系统挖掘与弘扬的合力。面对这些问题，我深深感到"时光虽不能倒流，而过去永存于未来之中"。

附录一:刘奎龄年谱

1885 年(清光绪十一年 乙酉)1 岁

农历六月十三日,刘奎龄生于天津市南郊 (当时称天津县)土城村。祖籍浙江绍兴。

1887 年(清光绪十三年 丁亥)3 岁

陆辛农(文郁)生。陆辛农与刘奎龄曾共同为《醒俗画报》绘图。

1888 年(清光绪十四年 戊子)4 岁

刘奎龄四大伯刘恩鸿考取国子监副榜贡生,后出任四川会理州署理、安岳县知县等。

1889 年(清光绪十五年 乙丑)5 岁

喜好绘画的天资开始显露。在保姆的启发诱导下无拘无束地描画,尤其喜爱临摹民间艺术作品中的花鸟动物等形象。

1891 年(清光绪十七年 辛卯)7 岁

进入村中私塾学习。刘子久(光城)生。刘子久与刘奎龄因绘画成就突出,有"津门二刘"之称。

1892 年(清光绪十八年 壬辰)8 岁

继续在私塾读书。识字渐多,喜读古代小说,不时临摹书中木刻插图。

1893 年(清光绪十九年 癸巳)9 岁

就读私塾。除传统蒙学读物如《三字经》《千字文》《朱子治家格言》外,开始接触唐诗。

1894 年(清光绪二十年 甲午)10 岁

甲午中日战争爆发。教育家严修第六子严智开出生,严智开创办的天津市立美术馆为中国近代首家公立美术馆,对中国博物馆事业及美术教育事业均具开创意义。

1895 年(清光绪二十一年 乙未)11 岁

入基督教青年会普通学堂学习,历时一年。徐悲鸿生。陶冷月生。徐与陶均为中国画转型时期的代表人物。

1896 年(清光绪二十二年 丙申)12 岁

京津铁路建成通车,两地文化往来逐渐增多。为支付甲午战败巨额赔款,清政府加紧搜刮,"吾民精华已竭,膏血俱尽"(康有为《上皇帝书》),社会购买力下降,刘氏家族的商业收入也大幅下降。

1898 年(清光绪二十四年 戊戌)14 岁

戊戌政变。严修在天津西北角家中开办严氏家馆,由张伯苓主讲英文、算学、理化诸科目。

1899(清光绪二十年五 己亥)15 岁

刘家商号经营不力,家道中落。北方各省义和拳改称义和团,在天津的义和团力量迅速发展,土城村内大庙改为义和团集结活动场所。

1900(清光绪二十六年 庚子)16 岁

由西摩尔海军中将统领的八国联军侵占天津。土城村民中有数十青壮年加入义和团,在村周围武装抵抗入侵者。6 月中旬,家乡义和团在村西南半里地的湾兜子与八国联军遭遇,义和团伤亡大半。41年后,刘奎龄根据回忆,绘成《国耻图——义和团抗洋兵》,又名《国耻图》。为躲避战乱,刘奎龄与家人一度迁往城区户部街居住。

1901年(清光绪二十七年 辛丑)17岁

庚子战乱后,刘氏商号被洗劫,家境急剧衰落,遂至破产。根据《辛丑条约》,部分侵华国家获得军队长驻天津的特权,刘奎龄根据平时的观察记忆,绘制了许多洋官兵素材。

1902年(清光绪二十八年 壬寅)18岁

教育家严修在家中开办严氏女学。刘奎龄在严氏老宅居住时曾从女学教材、教具中有所获益。

在严修、林墨青等人倡办下,创民立第一小学(仓廒街小学前身),是直隶全省最早的一所新式小学。刘奎龄入学就读。由于学生年龄参差不齐,受教程度各不相同,故学校实行单级制,较适宜刘奎龄这样的大龄学生,可以速成结业,升入中学。

外甥严仁曾出生。

1903年(清光绪二十九年 癸卯)19岁

清政府被迫签订中日《扩展天津租借专约》,英法等国租借地也迅速扩张。随着外国人的增多,租借地内的多种设施,如教育、文化、娱乐、商业等也日益完备,为刘奎龄了解西方文化提供各种便利条件。西方建筑商、建筑师相继来到这里,设计西式洋楼,规划西式街道,海河两岸到处充满了欧陆风情的景观。

1904年(清光绪三十年 甲辰)20岁

10月17日,严修在严氏、王氏家馆的基础上创立私立中学堂,后改名"敬业中学堂",即"私立南开中学堂"的雏形。

刘奎龄在敬业中学堂就读,与梅贻琦(后任清华大学校长,卒于台湾)同学。在校期间,刘奎龄英语成绩突出,为其日后查阅英文资料打下了坚实的基础。

1905 年(清光绪三十一年 乙巳)21 岁

"敬业中学堂"改称"私立第一中学堂",严修为校董,张伯苓任监督(即校长)。刘奎龄学成后离校,因此时学校尚未形成健全的毕业制度,刘奎龄学习的目的也并非以取得学历为主,故不能简单地称刘奎龄为辍学或毕业。

离开学校后,刘奎龄继续在家中自学,并开始规划自己的人生。

1906 年(清光绪三十一年 乙巳)22 岁

附属比利时电车电灯公司的砖窑在土城东南方建立。由于此地离刘氏祖坟较近,曾引起刘氏族人的不满。在此前后,沿海大道往西距土城不远处,外商建立了多家养牛场,向租借地的欧美人提供牛奶及奶制品。刘奎龄生前有许多描绘奶牛的作品,其素材或来源于此。

1907 年(清光绪三十二年 丁未)23 岁

天津《醒俗画报》创刊。刘奎龄曾受聘为画报绘图。

1908 年(清光绪三十三年 戊申)24 岁

花鸟画家张兆祥(和庵)卒。刘奎龄花鸟画受他的影响较大。

6 月,私立南开中学堂首届毕业生毕业。毕业生均成为京津冀教育文化界及政界的骨干。

1909 年(清宣统元年 己酉)25 岁

陈少梅(云彰)生。20 世纪 30 年代,刘奎龄之子刘继卣曾师从陈少梅。

1911 年(清宣统三年 辛亥)27 岁

10 月 10 日辛亥革命爆发。刘奎龄在天津东马路民立二十五小学代课任教,历时一年多。

1912 年(民国元年 壬子)28 岁

刘奎龄被天津新心画报馆聘为画师。不久开始鬻画为生。长子刘继锐生。

1913 年(民国二年 癸丑)29 岁

刘奎龄四大伯刘恩鸿前清时曾任四川安岳县知县,是年带银二万余两返乡,力图重振家业,将外出谋生的家人接回土城老宅。姐夫严智惺去世。

1914 年(民国三年 甲寅)30 岁

法国传教士桑志华在天津马场道建立北疆博物院 (天津自然博物馆前身),刘奎龄常携子前去参观。

1915 年(民国四年 乙卯)31 岁

次子刘继鑫出生。

1916 年(民国五年 丙辰)32 岁

次子刘继鑫及夫人李氏先后去世。

是年,刘奎龄有署"丙辰"的花鸟画作品存世,此作品尚未形成刘奎龄艺术的特有风格。

天津人民召开公民大会,反对法国抢占老西开、扩大天津租界,华工团示威游行,学生罢课,商人罢市,坚持斗争近半年。

1917 年(民国六年 丁巳)33 岁

是年夏秋季节,海河泛滥成灾。

1918 年(民国七年 戊午)34 岁

10 月 3 日,三子刘继卣在土城村出生。刘继卣生母为刘奎龄续弦夫人陈文淑。

1919 年(民国八年 己未)35 岁

五四运动爆发。

第一次世界大战结束后签订的巴黎《凡尔赛和约》规定，要求侵华各国退还庚子赔款，款项专门用于中国文化教育事业。美国退庚款办清华大学，法国退庚款办中法大学，日本退庚款的一部分用于筹办"中国画学研究会"。因此，在中国画学研究会成立之初便与日本画界发生了密切联系。

1920 年(民国九年 庚申)36 岁

第一届中日绘画联展在北京南河沿欧美同学会举行。刘奎龄闻讯后前往参观，并在北京小住。日本画家横山大观、渡边晨亩、竹内栖凤等人的作品对他多有启迪。外甥严仁曾赴美留学。

1921 年(民国十年 辛酉)37 岁

作《一门五福》图，这是迄今见于出版物中年代最早的刘奎龄作品。款识："一门五福。庚申嘉平月渐逵二兄大人指正。耀辰刘奎龄绘并颂。"按"嘉平"即农历十二月，阳历为次年之元月，故"庚申嘉平"应为 1921 年 1 月。

作《落花舞鸣禽》轴。

1922 年(民国十一年 壬戌)38 岁

张诚(瘦虎)卒。张年稍长于刘奎龄，二人曾同为《醒俗画报》绘图。

1923 年(民国十二年 癸亥)39 岁

外甥严仁曾毕业于美国康奈尔大学后回国结婚，刘奎龄为其绘《花团锦簇》相赠。

《花团锦簇》画中仅一只雉鸡为主体形象，款识为："花团锦簇。癸亥仲冬之吉为增符甥结襟纪念。舅氏刘耀辰绘赠。"

严仁曾曾于《天津文史丛刊》(第一期)刊发《回忆我的舅父刘奎龄》一文,文中记述《花团锦簇》一图严极为喜爱,但于"七七"事变中遗失,故文中记述画中所绘是一对雉鸡,其实画中仅为一只。当为年久记忆模糊,或为误记。后此图失散数十年后,由刘奎龄之孙刘新星偶遇购回。2013年天津鼎天秋拍中,此画成交价313.6万元。

1924年(民国十三年 甲子)40岁

指导三子刘继卣临摹《芥子园画谱》。作《富贵寿考》《濠上清波》等。

伏日,作《松下问童子》图。

1925年(民国十四年 乙丑)41岁

元月,作《猴戏图》扇面。梅月(农历四月)作《花团锦簇》。

携刘继卣出游江南,会见日本画家横山大观,并与之一同研习交流绘画创作技法。

1926年(民国十五年 丙寅)42岁

初夏某晨,小病新愈,漫步于土城村外。受村野景色感染,诗情画意勃发于胸,归后作《篱边晓露》并题长短句。款识:"篱落朝颜初吐,沾得一丛晓露。时见鸟飞来,一似银河乍渡。且住,且住,莫使天孙相妒。调寄如梦令。丙寅首夏,小病新愈,早适野外,篱落间花草杂放,山鸟时鸣。偶成小句,戏题于怡园。蝶隐刘奎龄。"

在刘奎龄的创作中,走兽题材渐渐增多,如是年荷月(夏)所作《关山春晓图》及桂月(秋)所作《双狐图》等。后者明显受日本画影响。

1927年(民国十六年 丁卯)43岁

作《益寿延年图》条屏,彩色绢本。款识:"岁次丁卯小阳月,略师郎世宁法以为少卿老伯大人八秩大庆。愚侄刘奎龄奉祝并题。"

1928年(民国十七年 戊辰)44岁

是年作工笔花鸟及走兽颇多,绢本条屏尤为突出。

作《牧羊图》《杜牧诗意图》《鱼乐图》等扇面。

1929年(民国十八年 己巳)45岁

是年作绢本立轴工笔花鸟甚多,且较上一年度更加成熟。画面背景常绘乡间农作物,如向日葵、窝瓜、茄子、丝瓜、玉米等,颇有情趣。

是年严修卒,享年70岁。严智开自北京美术专科学校返津,筹办天津市立美术馆。

1930年(民国十九年 庚午)46岁

为外甥严仁颖作《松猿图》轴。

刘继卣13岁入天津市立中学读书。

刘奎龄携刘继卣结识爱新觉罗·溥仪、爱新觉罗·溥儒(字心畲)。

湖社画展在天津举办,引起极大的社会反响。经严智开、孙润宇、刘子久等人斡旋,湖社决定在天津成立分会,派惠孝同、陈少梅及在津的刘子久共同主持。严智开曾力促刘奎龄加入湖社,但因双方缺少磨合,且刘奎龄不够主动而作罢。

1931年(民国二十年 辛未)47岁

2月,女儿刘继敏生。

5月,严智开在日本东京出席日华古今名画展览会,与金开盘藩、孙润宇作为中国北方代表会见横山大观、渡边晨亩,并合影留念。

湖社画会天津分会正式挂牌成立。

12月,《北洋画报》刊载刘奎龄作品《猫》,由外甥严仁颖供稿。

1932年(民国二十一年 壬申)48岁

1月,《北洋画报》刊载刘奎龄作品《猴》(《松猿图》),由严仁颖供稿。

菊月(九月),作《无量寿佛》轴。

1933年(民国二十二年 癸酉)49岁

刘继卣16岁,刘奎龄携其赴北平会见张善孖、张大千。

1934年(民国二十三年 甲戌)50岁

作《鱼乐图》《虾趣图》扇面。

1935年(民国二十四年 乙亥)51岁

张善孖、张大千在天津法租界永安饭店举办画展,刘奎龄、刘继卣父子再度拜会二张。

1936年(民国二十五年 丙子)52岁

刘继卣入天津市立美术馆西画研究班,系统学习素描、速写、水彩、油画,并从刘子久习山水画,从陈少梅习山水画和人物画。

1937年(民国二十六年 丁丑)53岁

作《百禄(柏鹿)图》《松梅双鹤图》等。

刘继卣开始自谋职业,以卖画为生。

"七七"事变爆发,刘奎龄离开文昌官严氏老宅,暂回土城。

长子刘继锐从日本东京帝国大学弃学回国。

刘继卣参加学生运动,慰问29军抗日战士。

1938 年(民国二十七年 戊寅)54 岁

《上林春色图》于是年初夏完成,款识:"岁次戊寅初夏,应六符贤甥大雅之属,舅氏刘奎龄绘。"

1939 年(民国二十八年 己卯)55 岁

姐姐及外甥严仁曾、严仁统(六符)一家移居英租界爱丁堡道 240 号(现重庆道 144 号)。刘奎龄暂住于此,每日作画,以卖画为生,家属仍居土城村。

是年夏秋,天津发生水灾,大水整整 40 天才退。

刘继卣创作《天灾图》多幅。

大水前,刘奎龄完成了绢本工笔重彩画《孔雀》,款识:"岁次己卯蕤宾节后,法黄要叔赋色,刘奎龄。"此图为刘奎龄传世三幅孔雀精品之一,曾发表于 1962 年第 4 期《美术》杂志。另两件精品分别为《上林春色》《孔雀开屏》。

1940 年(民国二十九年 庚申)56 岁

刘继卣因画《天灾图》揭露丑恶现实,触怒日伪当局而被捕入狱。

1941 年(民国三十年 辛巳)57 岁

是年作纸本走兽画颇多,精品数量可观,如《空谷豹困》《双狮图》《枫猴代代》等。

太平洋战争爆发,日军进入英租界。

刘奎龄应外甥严仁统(六符)之请,作《义和团抗洋兵》(又名《国耻图》)扇面。

1942 年(民国三十一年 壬午)58 岁

年初,《义和团抗洋兵》扇面完成。

秋,作《塞上秋风图》。

严智开去世。刘子久继任天津市立美术馆,艰难运营。

1943 年(民国三十二年癸未)59 岁

作《四季平安图》轴,《降龙罗汉》扇面等。

1944 年(民国三十三年 甲申)60 岁

作《猫蝶图》《英雄浩气》《蕉石双犬》《陇右晴晖》《松鼠忙秋》等。

1945 年(民国三十四年乙酉)61 岁

抗日战争胜利。

与刘继卣合作《孔雀开屏》。

作《空谷生风》(虎)、《栗深林兮惊层颠》(狮)、《秋风寻猎》(狼)、《冰海白熊》等。

刘继卣 28 岁,受聘在私立天申中学任教。

1946 年(民国三十五年 丙戌)62 岁

金潜庵病故,湖社画会工作无人主持,画会解体,天津分会活动自行终止。

刘奎龄居英租界爱丁堡道 240 号(现重庆道 144 号)姐姐家,定期回土城老宅。

11 月 19 日,孙刘新星生,刘新星为刘奎龄画派艺术的重要传承人之一,卒于 1997 年 3 月 12 日(农历二月四日)。

作《峻岭回声》(豹)、《空谷听风》(虎)、《猞猁》《双狐》等走兽画条屏。

1947 年(民国三十六年 丁亥)63 岁

刘继卣在天津永安饭店举办个人画展,一时蜚声津门,受世人瞩目。

1948 年(民国三十七年 戊子)64 岁

姐姐一家从英租界爱丁堡道迁往新加坡道 (现大理道),刘奎龄返回土城老宅。

12 月,平津战役展开外围激战。

1949 年 戊子 65 岁

1 月 14 日,平津战役结束,天津解放。

10 月 1 日,中华人民共和国成立。

11 月 21 日,以马达为主任,刘子久、刘奎龄为副主任的天津美协成立。此前的 8 月 28 日,阿英召集出席全国文代会的天津代表二十余人举行会议,决定在天津成立文学工作者协会(作协前身)、戏剧工作者协会、音乐工作者协会、美术工作者协会、曲艺工作者协会及戏曲改革协会,并选举阿英、鲁藜、方纪等 11 人为天津文联筹委会委员,阿英任主任。同年 11 月 5 日,成立了以孟波为主任的天津音协;11 月 10 日,成立了以阿英为主任,何迟为副主任的天津剧协(含曲协及戏曲改革协会);11 月 20 日,成立了以鲁藜为主任,方纪、李霁野为副主任的天津文协。

刘继卣到中华人民共和国文化部艺术局工作,在蔡若虹领导下进行新连环画的创作。

1950 年 庚寅 66 岁

6 月 8 日,天津市禁烟禁毒委员会成立,至 1951 年底,烟毒肃清。刘奎龄响应国家号召,作《五鬼闹烟》。

8 月 25 日,中国艺术展览会在苏联莫斯科举行,由文化部主办,共有展品 1200 件。11 月 15 日赴列宁格勒,后到匈牙利、罗马尼亚、波兰等国巡展。刘奎龄的作品《上林春色图》参展。

1951 年 辛卯 67 岁

长子刘继锐因政治原因被判入狱。土改工作队进驻土城村,刘家被定为"地主"。刘继卣赴四川绵阳参加土改工作队。

1952 年 壬辰 68 岁

刘继卣调入人民美术出版社任创作员。

1953 年 癸巳 69 岁

天津文史馆成立。刘奎龄被聘为馆员,与刘子久、萧心泉、陆辛农四人被合称为画界"津门四老"。

女儿刘继敏参加工作,在天津美术工作室任创作员。

9 月 26 日,徐悲鸿病逝,齐白石被推为全国美协主席。

1954 年 甲午 70 岁

陈少梅(1909—1954)卒。

7 月,人民美术出版社出版《全国国画展览会纪念画集》,收录刘奎龄作品《上林春色图》。

1955 年 乙未 71 岁

被聘为中国人民政治协商会议天津市委员。天津人民美术出版社等单位开始注意收购刘奎龄作品。

1956 年 丙申 72 岁

刘继卣创作的《武松打虎》《闹天官》组画在第六届世界青年联欢节获创作奖、美术作品奖。天津美术家协会成立,刘奎龄被推举为美协副主席。

1957 年 丁酉 73 岁

7 月,中国青年美术作品展在苏联莫斯科举行,共计一百余件作品,后到列宁格勒参加国际青年造型艺术展。

7 月 28 日,美术界反右运动开始,四子刘继聪在内蒙古受到冲击。

9 月 16 日,齐白石病逝。

1958 年 戊戌 74 岁

8 月 10 日,毛泽东主席视察天津,在干部俱乐部接见刘奎龄、刘继卣父子，鼓励他们为人民多作贡献并说："刘门出人才。"新闻电影制片厂为刘奎龄拍了新闻报道。

1959年 己亥 75 岁

10月前夕，刘奎龄以极大的热忱创作《双福图》，祝颂新中国成立十周年。《天津画报》刊登郭钧的文章《老画家刘奎龄的手稿》。

1960年 庚子 76 岁

6月17日—7月14日，第三届全国美展举办，刘奎龄所画《孔雀》入选。9月8日，作品巡展至上海。

为刘新星作《鹦鹉图》。

天津杨柳青画社成立，刘继敏调入该社工作。

严六符学生刘德印参军，刘奎龄、刘子久、严六符合作《参军光荣图》赠与刘德印。

1961年 辛丑 77 岁

中国国产党成立四十周年之际，刘奎龄不顾身体虚弱，欣然挥毫作《造福人民，千秋万岁》。

8月，《河北美术》选登刘奎龄动物四条屏及刘继卣的《草原春色》。

1962年 壬寅 78 岁

元旦，经过长时间筹备，"刘奎龄画展"在天津举行，共展出作品六百余幅，汇集刘奎龄各个时期的作品，包括刘早年所绘烟画、月份牌、小人书等。

8月24日—9月24日，刘奎龄国画展在北京美协展览馆举办，共展出61件作品。

《河北美术》第5期刊登了由孙其峰撰写的《画家刘奎龄的绘画艺术的特点》，全面介绍了刘奎龄的绘画。

是年第四期《美术》刊登了刘奎龄的代表作品《孔雀》。8月20日《人民日报》刊登林印的文章《父子画家》,介绍了刘奎龄和刘继卣的绘画艺术。

1963年 癸卯 79岁

刘继卣获得全国连环画创作评奖绘画作品一等奖,二等奖。

1964年 甲辰 80岁

刘继卣赴吉林农村参加"四清"工作。

1965年 乙巳 81岁

社教运动开始,刘奎龄旧作中堂画《富贵神仙图》因自觉不合时宜而收藏起来。

天津美术出版社出版《刘奎龄画集》。

1966年 丙午 82岁

"文化大革命"开始。刘奎龄将《富贵神仙图》自行销毁。长子刘继锐刑满出狱,不久又因政治原因再次入狱。

1967年 丁未 83岁

6月(旧历五月初五)刘奎龄去世,终年83岁。

1980年 庚申

7月,天津人民美术出版社出版《刘奎龄画选》,收录刘奎龄作品16幅。

8月,天津市文史馆建馆三十五周年书画及成果展,展出刘奎龄绘画作品。

1989年 己巳

12月,天津人民美术出版社出版《刘奎龄画集》。

1992年 壬申

荣宝斋画社出版《刘奎龄画谱——花鸟走兽部分》,薛永年作序。

1995 年 乙亥

12 月,天津人民美术出版社出版《刘奎龄绘画全集》,共三册。

2002 年 壬午

4 月 19 日–6 月 15 日,广东美术馆举办高剑父、刘奎龄、陶冷月联展。展览由广东省博物馆、天津市艺术博物院和广东美术馆共同主办。高剑父的作品 40 件,为广东省博物馆藏品;刘奎龄作品 40 件,为天津市艺术博物馆藏品;陶冷月作品 40 件则由陶氏家属提供。4 月 19 日举办"20 世纪早期中国画家融合中西的求索"专题研讨会。

2003 年 癸未

5 月,河北教育出版社出版由何延喆、齐珏合著的《中国名画家全集刘奎龄》,是第一部系统研究刘奎龄生平及绘画的专著。

2007 年 丁亥

1 月 6 日,由天津刘奎龄画派艺术研究室主办的"刘奎龄作品及其文房遗物展览",在马场道 355 号国金艺苑(原工业展览馆)展出。刘奎龄部分作品及白描手稿首次在公众面前亮相。此次展出的展品由刘奎龄后人及学生珍藏整理,老人的部分文房遗物与印章也同时展出。展览期间推出精美画册《刘奎龄白描画集》和学术著作《刘奎龄》一书,何延喆、齐珏于展览开幕式上举行签名售书活动。

2010 年 庚寅

12 月 10 日天津博物馆和天津市文物公司共同主办《吉光幻彩——纪念刘奎龄诞辰 125 周年特展》,出版刘奎龄绘画作品图集,天津博物馆于2010年12月21日举行刘奎龄绘画艺术学术研讨会,郎绍君、李松、袁宝林、刘光启、崔锦、何延喆、李凯、陈骧龙、华天雪、杭春晓、邢捷、于英、齐珏等二十余位来自京、津两地的美术史论界、文物博物馆界的专家学者出席了此次讨论会。展览共展出刘奎龄先生各时期代表作品约103件(套),如《上林春色图》《巨石花卉图》《仿文徵明危石青松图》《关山春晓图》《国耻图》《京剧四平山图》等,其中部分作品是首次与观众见面。何延喆先生进行《刘奎龄绘画艺术与欣赏》的讲座。

2014年 甲午

5月,天津人民美术出版社出版蒋坤材撰写的《刘奎龄手稿艺术品鉴》。

2015年 乙未

11月,山西人民出版社出版《妙造自然:刘奎龄画集》。

附录二：刘奎龄常用印章（图）

号印

蝶隐

怡园蝶隐

画室印

种墨草庐

闲文印

庐江

凡事豫则立

率真

惜墨

暝琴绿荫

姓名印

刘奎龄印　　　　　刘奎龄印　　　　　刘奎龄印

名印

奎龄　　　　　　　奎龄　　　　　　　奎龄

字印

耀辰书画

耀辰

耀宸

耀宸

耀臣

耀宸

耀臣

附录三：资料索引

1.《津门一代丹青名手——我的祖父刘奎龄》,刘新星,《今晚报》1986 年 9 月 6 日。

2.《刘奎龄画集》,刘奎龄,天津美术出版社,1965 年。

3.《刘继卣动物画手稿》,刘继卣,天津杨柳青画社,1987 年。

4.《回忆舅父刘奎龄先生》,严仁曾,《天津文史丛刊 第一期》,1983 年。

5.《关于我祖父刘奎龄家世》,刘新星,《天津文史丛刊 第六期》,1985 年。

6.《刘奎龄画集》,天津人民美术出版社,1989 年 12 月。

7.《荣宝斋画谱(六十)工笔部分》,刘奎龄绘,荣宝斋,1992 年 7 月。

8.《刘奎龄画集》(全三卷),天津人民美术出版社,1996 年 6 月。

9.《天地为炉造化功——一代宗师刘奎龄》,贾广健,《中国花鸟画》1997 年 4 月。

10.《刘奎龄五年"磨"一画》,崔锦,今晚报 10 版 副刊,

2001年6月3日。

11.《中央美术学院 中国画精品收藏》，范迪安主编，河北教育出版社，2001年10月。

12.《种墨怡园里 草庐耀辰光——刘奎龄绘画艺术与演化初探》，邢捷、于英，《天津文史第26期》，2001年11月。

13.《孙其峰马年话"马"》，刘静华、董鹏，今晚报2002年2月15日文化新闻。

14.《中国名画家全集——刘奎龄》，何延喆 齐珏，河北教育出版社，2003年5月。

15.《写在天津市文史馆成立50周年之际》，钱文，今晚报文化娱乐(增刊)，2003年6月23日。

16.《种墨于草庐 妙笔一仙翁》，刘静华、王玉慧，今晚报文化新闻，2003年7月21日。

17.《弘扬津派国画艺术 本市评论界研讨刘奎龄》刘静华、孙继荣、郭泽濂，今晚报文化新闻，2003年8月7日。

18.《画猴乱弹》，阮克敏，今晚报文化娱乐，2004年3月13日。

19.《津门文化雅俗共赏》，崔锦，今晚报副刊，2005年5月5日。

20.《"津门二刘"鲜为人知的一次合作》，杨金新，今晚报副刊，2009年8月23日。

21.《其峰画语》，郎绍君、徐改编，人民美术出版社，2010年6月。

22.《刘奎龄画风百出不重》，苏瑛，文汇报，2006月11月17日。

23.《"天津水产三杰"之一刘纶》，刘正祺，今晚报副刊，

2010 年 5 月 9 日。

24.《刘奎龄弟子画明展出》,杨晓慧、张蕾,今晚报文化新闻,2009 年 12 月 31 日。

25.《二十世纪早期中国画家融合中西的求索 古道西风·高剑父、刘奎龄、陶冷月》,郎绍君编,广西美术出版社,2002 年 12 月。

26.《刘奎龄花鸟画手稿选》,刘奎龄绘,天津杨柳青画社,1979 年 5 月。

27.《画家刘奎龄的绘画特点》,孙奇峰,《河北美术》1962 年第 5 期。

28.《飞禽走兽花鸟集》,刘奎龄绘著,艺术图书公司,1981 年。

29.《刘奎龄白描画集》,刘奎龄画派艺术研究室编,国金艺苑,2006 年。

30.《刘奎龄画选》,刘奎龄绘,天津人民美术出版社,1980 年 7 月。

31.《世界美术中的中国与日本美术》,刘晓路著,广西美术出版社,2001 年 12 月。

32.《日本绘画史》,〔日〕秋山光和著,常任侠、袁音译,人民美术出版社,1978 年。

33.《吉光焕彩:纪念刘奎龄诞辰 125 周年特展》,于英主编,天津博物馆编,科学出版社,2010 年 12 月。

34.《中国美术史学研究》,上海书画出版社编,上海书画出版社,2008 年 1 月。

35.《传承与守望——翁同龢家藏书画珍品》,中华世纪坛世界艺术馆等编,文物出版社,2009 年 1 月。

36.《新加坡秋斋藏画(全三卷)》,新加坡秋斋,2010 年 4 月。

37.《刘奎龄手稿艺术品鉴》,蒋坤材著,天津人民美术出版社,2014 年 5 月。

38.《妙造自然:刘奎龄画集》,山西博物院、天津博物馆编,山西人民出版社,2015 年 11 月。